移动支付用户持续使用行为研究

黄志启　郭慧慧　著

中国水利水电出版社

www.waterpub.com.cn

·北京·

内 容 提 要

　　本书通过对移动支付实际发展状况和现实问题的梳理,分析了移动支付所要关注的影响因素,然后在仔细剖析用户行为理论的基本逻辑之上,发现感知风险成为改变用户使用行为意愿的重要要素,通过研究机理阐述和关系假设,构建影响移动支付发展的解释结构模型,并探索移动支付用户感知风险的维度结构,通过对用户感知风险影响因素结构模型、移动支付用户使用意向路径检验模型以及用户持续使用模型的实证分析处理,从用户行为视角来探究移动支付发展过程中存在的问题以及解决方案,以期为提高移动支付创新发展和更好地服务于用户提供借鉴参考。

图书在版编目(CIP)数据

　　移动支付用户持续使用行为研究/黄志启,郭慧慧著. —北京:中国水利水电出版社,2019.1
　　ISBN 978-7-5170-7453-3

　　Ⅰ.①移… Ⅱ.①黄… ②郭… Ⅲ.①移动通信-通信技术-应用-支付方式-用户-行为分析-研究 Ⅳ.①F830.4-39 ②F713.55

　　中国版本图书馆 CIP 数据核字(2019)第 031184 号

书　　名	移动支付用户持续使用行为研究 YIDONG ZHIFU YONGHU CHIXU SHIYONG XINGWEI YANJIU	
作　　者	黄志启　郭慧慧　著	
出版发行	中国水利水电出版社 (北京市海淀区玉渊潭南路 1 号 D 座 100038) 网址:www.waterpub.com.cn E-mail:sales@waterpub.com.cn 电话:(010)68367658(营销中心)	
经　　售	北京科水图书销售中心(零售) 电话:(010)88383994、63202643、68545874 全国各地新华书店和相关出版物销售网点	
排　　版	北京亚吉飞数码科技有限公司	
印　　刷	三河市华晨印务有限公司	
规　　格	170mm×240mm　16 开本　13.75 印张　246 千字	
版　　次	2019 年 4 月第 1 版　2019 年 4 月第 1 次印刷	
印　　数	0001—2000 册	
定　　价	81.00 元	

前　言

　　党的十九大报告作出了"中国特色社会主义进入新时代"的重大判断，支付产业发展面临着新形势和新要求。在互联网金融大环境下，移动支付正由高速增长阶段逐步向高质量发展阶段过渡，随着人们日益增长的美好生活需要，人们对移动支付的需求日益增长，交易规模迅速扩大。但是移动支付的发展正逐渐减速，对于用户来说移动支付仍然存在一定的风险。

　　本书通过对移动支付实际发展状况和现实问题的梳理，分析了移动支付所要关注的影响因素，然后在仔细剖析用户行为理论的基本逻辑之上，发现感知风险成为改变用户使用行为意愿的重要因素，通过研究机理阐述和关系假设，构建影响移动支付发展的解释结构模型，并探索移动支付用户感知风险的维度结构，通过对用户感知风险影响因素结构模型、移动支付用户使用意向路径检验模型以及用户持续使用模型的实证分析处理，从用户行为视角来探究移动支付发展过程中存在的问题以及解决方案，以期为提高移动支付创新发展和更好地服务于用户提供借鉴参考。全书由黄志启负责统稿，确定写作大纲，具体分工如下：黄志启与郭慧慧负责写作第一章、第三章、第七章及第八章；郭慧慧负责写作第二章与第六章；王韵负责写作第四章及第五章；于鑫越负责资料的收集整理。

　　本书在写作过程中，参考了大量的文献和资料，在此对本书参考文献的作者表示衷心的感谢。

　　由于作者水平有限，写作过程中难免有疏漏和不足之处，望广大读者见谅，还希望你们能够提出宝贵的意见！

作　者

2018 年 11 月

目　　录

第一章 绪　论

第一节　研究背景、目的及意义

一、研究背景

随着网络通讯技术的成熟和广泛的商业化，人们对于消费的支付方式和支付工具提出了更高的要求，更安全、更快速、更便捷的移动支付技术和系统成为迫切需求。2013 年互联网金融收益下降，迫使越来越多的互联网金融企业将发展重点转向了以 P2P 为主要代表的定期理财平台，到 2014年移动支付大爆发，互联网金融企业借助这一机遇取得了快速发展，并颠覆了传统金融业。目前中国拥有全球最大的手机消费群体。中国互联网协会、国家互联网应急中心于 2017 年 5 月在北京联合发布《中国移动互联网发展状况及其安全报告(2017)》，报告显示，2016 年中国境内活跃的手机上网号码数量达 12.47 亿，比 2015 年增长 59.9%；并且在 2016 年中国境内活跃的智能手机高达 23.3 亿部，比 2015 年增长 106%。根据中国互联网络信息中心（CNNIC）第 41 次《中国互联网络发展状况统计报告》，截至2017 年 12 月，我国手机网民规模达 7.53 亿，网民中使用手机上网人群的占比为 97.5%，同比上涨 2.4%，其中手机移动支付用户规模持续扩大，网民在线下消费使用手机网上支付比例由 2016 年底的 50.3% 提升至65.5%；同时线下手机支付加速向农村地区网民渗透，农村地区网民使用线下手机支付的比例已由 2016 年底的 31.7% 提升至 47.1%。

根据全球领先的新经济行业数据挖掘和分析机构 iiMedia Research(艾媒咨询)发布的《2017 上半年中国移动支付市场研究报告》中显示，2016 年，移动支付用户规模达 4.62 亿人，较 2015 年增长 30.1%；移动支付规模达157.6 万亿元，较 2015 年增长 45.6%。人们的支付方式和习惯正在改变，移动支付技术也影响着人们的生活方式。截至 2017 年 6 月，移动支付用户规模达 5.02 亿，4.63 亿网民在线下消费时使用手机进行支付。庞大的手机用户群和惊人的增长速度使得中国具有发展移动支付业务的先天优势，保证了手机支付市场的巨大规模。截至 2017 年，中国移动支付交易规模已超过 81 万亿元人民币，位居全球之首。据此，艾媒咨询的分析师认为，移动支付和网上支付交易规模差距正在逐步缩小，短期内移动支付交易规模将保持高速增长。

在互联网大环境下，移动支付处于高速发展阶段，人们对移动支付的需求日益增长，交易规模迅速扩大。我国移动支付已经发展到一定规模，相比美国，我国的移动支付虽然起步较晚，但用户规模已经赶超美国。2005 年末，我国仅七百万人有信用卡，现金交易是主流，如今用移动设备支付、交易的人越来越多。移动支付市场逐渐扩大，200 多家公司在该领域展开竞争。2015 年底，中国银联与苹果达成合作，Apple Pay 2016 年初上线。据易观国际称，支付宝占据第三方支付的主导地位，其交易额占总额的 73%；微信支付紧跟其后，二者占据了整个市场的九成。

据前瞻产业研究院发布的《移动支付行业发展趋势与投资决策分析报告》数据显示，我国第三方支付交易规模从 2011 年 0.1 万亿元增长到 2016 年 58.8 万亿元，预计未来三年仍维持近 50% 复合增速，2019 年规模将达到 229 万亿元。2017、2018 年延续高速增长惯性，增速约 68%，2017 年达到 98.7 万亿元。移动支付在第三方支付中比重逐年提升，从 2011 开始占比 3.5% 巨幅上升至 2016 年占比 74.6%，预计三年后至 2019 年比重将再上升至 85.2%。从以上数据可以看出移动支付已经成为消费者购买商品支付工具的首选。

我国移动支付从兴起到成熟发展前后经历了互联网远程支付、O2O 电子商务支付和近场支付三种方式。目前，我国移动支付市场正处于从 O2O 电子商务支付向近场支付的转变阶段，和前两种支付方式相比，移动近场支付交易方式简单灵活，移动设备硬件安全性高，应用场景也在大面积铺开，同时具有移动支付"小额、高频"的特点。常见的近场支付技术有 NFC 支付技术、蓝牙支付技术和红外线支付技术，更为主流的是 NFC 支付技术，这也得益于其对支付信息的保护、支付流程的极简化、良好的线下支付体验和安全性等。2015 年底，中国银联联合我国各大商业银行发布了"云闪付"，一种无需"解锁、联网、打开 APP"等步骤，甚至无需亮屏即可"刷手机"的支付方式走入我们的生活，标志着更为便捷的线下移动近场支付新时代的开启。2016 年 2 月，银联云闪付开通支持 Apple Pay 服务，随后 Samsung Pay，Huawei Pay，Mi Pay 等云闪付业务也相继开通支持，这一联合了银联、银行、移动运营商和手机厂商的新型移动支付获得了更广的平台和更大的机遇，"云闪付"也成为移动近场支付的一个典型代表。

移动支付就是允许用户使用其移动终端(通常是手机)对所消费的商品或服务进行账务支付的一种服务方式。它丰富了传统银行服务内涵,使人们何时何地都能够享受到银行服务以及处理各种金融理财业务。但移动客户端不能像 PC 设备安装移动数字证书或 U 盾等硬件设备,移动支付的安全问题也随之暴露在大家面前。技术设备的创新完善,在移动支付终端极大地降低了风险,但移动客户端客户的信息被窃取、窜改和假冒,交易抵赖以及欺骗行为屡见不鲜。目前消费者对于移动支付的使用多以小额转账、线下购物、充值缴费等小金额支付为主,对于大额业务依旧选择银行服务,这一现象在某种程度上反映了一个事实——消费者无法 100% 相信移动支付。

在移动支付技术发展快、用户数量快速增长的同时,应该看到移动支付市场还有十分巨大的增长潜力和空间,还是有很多手机用户没有接触过移动支付或者使用了一两次后就停止使用了。为了发展移动支付忠诚用户的数量,运营商、银行和第三方支付企业等应该寻找可以保留移动支付用户的方法,运营商、银行和支付企业面临的问题,表明移动支付的发展还需要一个长期的积累过程,不能盲目乐观。

我国《非银行支付机构网络支付业务管理办法(征求意见稿)》的出台,规范了移动支付市场,使移动支付良性发展的道路更加宽广、平稳。在移动支付产业各方纷纷加大投入、推出创新产品的同时,关注移动支付领域发展,培育成熟稳健的移动支付业务系统的目标仍需探索。移动支付的出现以及快速被人们所接受,这不是偶然,这与当前人们的生活习惯、消费方式等都有重大关系。这是我国社会主要矛盾——人民日益增长的美好生活需要和不平衡不充分的发展之间的矛盾的体现。为了更进一步完善移动支付服务,让用户更安心持久地使用移动支付方式,仍有一些关于移动支付的问题需要研究解决,如:如何在拓展移动支付新用户的同时"留住老用户",以达到移动支付业务的稳健增长? 移动支付用户重点关注的账户、资金、信息安全如何加强保障? 哪些因素会影响移动支付的发展? 哪些因素会对移动支付用户接受移动支付后的持续使用意愿有促进作用? 这一系列问题都值得思考。

二、研究目的

从上述对本研究的相关背景的分析可以看出本研究的目的:一是,通过对影响移动支付发展的因素进行系统分析,探索各因素对移动支付发展所起到的作用;二是,对影响用户在使用移动支付的过程中产生感知风险的因素进行研究,针对影响因素的侧重点进而更好地降低用户感知风险;三是,根据用户使用行为,验证用户在移动支付环境下的感知风险的维度;四是,国内各大移动支付运营商所关注的重点是如何让用户更加习惯和高效地使用移动支付,因此探讨移动支付对用户购买行为意向的影响也越来越重要;五是,提出基于感知风险的移动支付持续使用行为研究模型理论框架,并进行实证检验,得到一个合理的模型,并将理论模型与实际的推广工作相映射,提出政策建议,使移动支付业务在我国能够更好更持久的发展。

三、研究意义

(一)理论意义

随着移动支付行业竞争的不断加剧,中国大型移动支付企业对国内移动支付环境和客户的需求进行深入研究,然而专门针对感知风险来研究消费者对移动支付的持续使用行为的文献比较少。而且关于移动支付感知风险的系统性微观研究并不多。本书从用户的角度对移动支付过程中的感知风险微观视角进行实证研究,针对移动支付特点,筛选用户感知风险的影响因素以及移动支付的感知风险维度,以此为基础,构建移动支付感知风险的影响因素模型。这不但能够补充移动支付感知风险的研究,还能够进一步丰富移动支付的感知风险理论,有很好的理论意义。另外,本书还从感知价值视角对用户使用意向进行研究,为移动支付用户持续使用行为提供研究基础,同时也完善了关于移动支付发展的研究内容。

(二)实践意义

随着移动互联网进一步渗透我们的生活,移动支付行为慢慢为更多消费者所接受。同时,移动支付相对于传统支付来说,更加便捷;相对于电脑支付来说,干扰因素更少,支付流程更精准也更简单。移动支付可以同时带动通信运营商、金融机构、移动支付企业、终端设备厂商的同时发展,其发展具有非常重大的战略意义。对于具有明显的个体非理性和集体非理性特征的消费者来说,容易遭受诱导、欺诈等不公正待遇,在其做出决策时倾向于减少感知风险而不是最大化感知价值。因此从微观视角实证研究消费者在移动支付过程中感知风险的影响因素,为移动支付企业更好地服务消费者,以及中国移动支付从小额业务转向大额支付市场提供了价值。未来可能会出现某项技术代替移动支付,占据支付市场,对于移动支付服务用户持续使用行为的研究,探究用户持续使用的影响因素,能够为移动支付的发展提供有力的支撑。

第二节 研究内容、方法

一、研究内容

本书从确定研究目的开始,试图从文献综述和理论框架设定入手,通过补充对移动支付实际发展状况及现实问题的分析和梳理提出所要关注的影响因素和研究问题,然后在仔细剖析用户行为理论的基本逻辑、发现感知风险成为改变用户使用行为意愿的重要因素的基础上,基于相关文献对研究变量之间的关系进行了细化、扩展和综合,通过机理阐述和关系假设,构建影响移动支付发展的解释结构模型、用户感知风险影响因素结构模型、移动支付用户使用意向路径检验模型以及用户持续使用分析模型,并探索移动支付用户感知风险的维度结构。通过每一章节进行实证分析与验证。

为实现研究的目标,本书共分为八章内容:

第一章 绪论。主要是介绍本书的研究背景,包括移动支付的研究现状,提出了本书所要试图解决的问题,进而阐述了用户对移动支付使用意向和用户持续使用移动支付行为的目的与意义,概括本书的研究内容、研究方法、研究的创新点以及技术路线等内容,以此为基础提出研究框架。

第二章 概念界定及理论研究回顾。本章主要为本书中所要研究内容的概念界定,因为在不同视角下,对相关概念的理解和界定是不尽相同的,为了避免本书引起歧义,本章结合以往研究学者的研究成果和现实意义对移动支付、感知风险、感知价值、用户行为意向等进行统一化定义。

第三章 影响移动支付发展的因素。本章通过对国内外关于移动支付影响因素研究的文献梳理,提取关于影响移动支付发展的相关指标,运用静态分析方法构建"移动支付体系结构模型",探析移动支付发展影响因素之间的结构性分布及其逻辑关联,并为移动支付的发展提供建设性的参考意见。

第四章 用户使用移动支付感知风险的影响指标。本章尝试转换传统的研究范式,即构建感知风险模型,以问卷调查形式对数据进行多元线性回归获取因素,科学运用系统工程中解释结构模型(ISM)的方法具体分析感知风险影响因素的结构特征及其因素间的层级关系,并提出相应的对策建议。

第五章 移动支付用户感知风险维度结构。本章采用归纳与演绎结合的方法进行量表的开发,既借鉴了相关文献的研究成果,又采用了焦点小组访谈和专家意见等方法,结合用户使用移动支付的实际情况开发了初始测度量表,通过对实证数据的分析,利用结构方程模型验证各子维度之间的关系,以及子维度对总感知风险的贡献。

第六章 移动支付用户使用意向研究。本章以技术接受模型为基础、移动支付的特征为自变量、感知价值为中介变量来研究它们对消费者移动支付的购买行为意向。同时通过对前人文献的梳理与回顾,构建研究模型,提出假设,设计相应的问卷。对相关变量做了定义并确立了对应的测量问项。结合深度访谈以及前测的结果,利用 SPSS 22.0 与 AMOS 20.0 统计分析软件对调查问卷进行相应的数据统计分析,通过信度效度分析验证问卷的有效性,并结合结构方程模型进行检验。

第七章 感知风险下的移动支付用户持续使用分析。本章以在用户持续使用研究领域中较为成熟的扩展 ECM-ISC 模型作为基础,结合移动支付的特征及其在我国发展现状,对变量进行相应的调整,最终提出移动支付用户持续使用行为影响因素研究的概念模型,通过问卷的形式,对模型进行验证分析。

第八章 总结及展望。本章主要是对前几章研究内容的概括总结,结合研究内容提出具有可行性的实践建议,并阐述本书研究的局限,以及对后续研究的展望。

二、研究方法

本书的主要研究方法有以下几点:

(1)文献回顾法。研究前期主要回顾国内外关于移动支付的文献,以求对移动支付感知风险相关的研究现状和发展方向有一个相对全面的了解。在此基础上,对有关文献分析归纳,将本书的研究工作确定为以消费者移动支付感知风险的维度为基础来研究移动支付感知风险的影响因素。

(2)焦点小组访谈法。主要用于正式问卷设计阶段,通过焦点小组访谈的方法对调查问卷的量表进行可行性分析,最终确定问卷题项,使问卷更合理,回收率更高。

(3)问卷调查法。研究为验证模型与假设,参考国内外相关研究中变量的测量量表,设计相应的调查问卷,使用国际通用的李克特量表法(Likert Scale)进行测量。问卷设计完成后,先进行小规模的预发放,并在预调查的基础上对初始调查问卷中的测量项目进行修订,确定最终的调查问卷。

(4)数据分析法。用统计软件对问卷收集到的数据进行信度效度分析、因子分析、相关分析以及回归分析,验证假设是否成立,模型是否合理,并得出各指标之间的影响指数。

第三节　研究技术路线

本书研究内容的技术线图如图 1-1 所示。

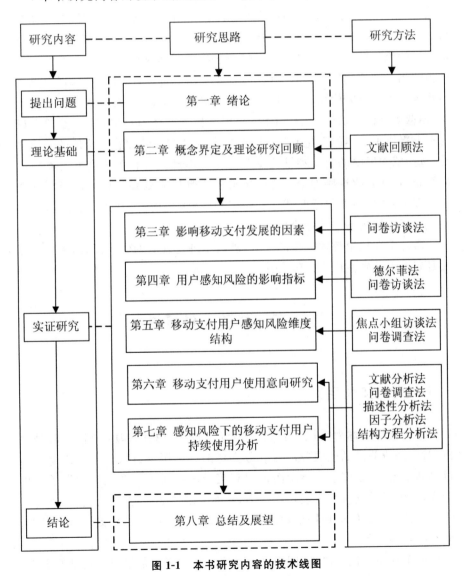

图 1-1　本书研究内容的技术线图

第二章　概念界定及理论研究回顾

　　本章主要对相关的理论以及国内外文献进行归纳、总结。主要分为五个部分,第一节总结移动支付的定义、分类等,对目前各层面、领域对移动支付的不同定义进行归纳,总结叙述目前移动支付的研究成果;第二节,对移动支付的流程模式以及国内外发展现状进行总结分析;第三节,介绍消费者行为的相关理论内容、模型、文献等,主要包括消费者行为的概念、理论以及消费者行为的研究模型,这些模型有技术接受模型、联合技术接受与使用模型、期望确认模型、IS 持续使用模型、扩展持续使用模型等,这些模型理论为本书提供了基本的理论基础;第四节,是对感知风险和感知价值的理论总结,包括感知风险的定义和维度以及感知价值理论在相关国内外文献中的详细介绍,并介绍这些理论中比较经典的文献研究结果;第五节,介绍其他相关理论研究,主要包括两部分:一是用户持续使用行为的研究综述,二是关于解释结构模型相关理论概述。

　　通过整合理论综述获得的成果,理清了理论发展的研究框架,为后面深入研究提供基础性理论文献支撑。

第一节　移动支付概述

一、移动支付定义

　　移动支付也称为手机支付,就是允许用户使用其移动终端(通常是手机)对所消费的商品或服务进行账务支付的一种服务方式。单位或个人通过移动设备、互联网或者近距离传感直接或间接向银行金融机构发送支付指令,产生货币支付与资金转移行为,从而实现移动支付功能。移动支付将终端设备、互联网、应用提供商以及金融机构相融合,为用户提供货币支付、缴费等金融业务。

　　关于移动支付的定义,国内外移动支付相关组织都给出了自己的定义,行业内比较认可的为移动支付论坛(Mobile Payment Forum)的定义:移动支付(Mobile Payment),也称之为手机支付,是指交易双方为了某种货物或者服务,使用移动终端设备为载体,通过移动通信网络实现的商业交易。移动支付所使用的移动终端可以是手机、PDA、移动 PC 等。

移动手机支付这一名词对大家来说已经不再陌生,形象点说,就是通过"刷手机"来购买电影票、刷公交车、缴纳费用等等。移动手机支付正在逐渐成为增值业务的新趋势,它是对目前消费模式的极大创新,可以为我们这些用户的消费生活带来方便与快捷。

从当前银行与移动运营商利用手机所开展的业务形式来看,移动手机支付主要有三种形式:手机银行、手机钱包、手机支付。从应用场景来看,移动手机支付可以分为两类:现场支付和远程支付。

现场移动手机支付是指消费者在购买商品或服务时,随时通过手机向商家进行支付,支付的处理是在现场并且是在线下进行的,不需要使用移动网络,支付完毕,消费者即可得到商品或服务。也就是我们最近经常听说的在商场、超市、便利店、电影院、公交车等地"刷手机"进行"买买买"。

远程移动手机支付则是指消费者使用手机进行支付时,处理过程是在远程的服务器中进行的,支付的信息需要通过移动网络传送到远程服务器中才可完成支付过程。手机钱包就是远程支付的典型应用。

从目前来看,移动手机支付可以应用于实体经济和信息类产品两个领域。所谓实体经济移动手机支付,就是我们平时所熟知的,用手机来刷公交卡、买电影票、手机购书、缴纳费用等等。部分试点城市已经开始运营相关业务,比如上海电信已经宣布推出手机支付业务,手机除了可以支付公用事业费、购买电影票外,连预约医院专家门诊,都只需动动大拇指就能在手机上完成。这无疑是令大众喜悦和期盼的。信息类产品移动手机支付则是指用手机来支付虚拟经济中"信息类的商品和服务"费用,移动梦网的现有业务就属于这一类,目前涉及的主要是以音乐和铃声等为主的数字商品。

移动手机支付尚属于一种新兴的支付方式,据有关部门预计,中国的移动手机支付市场将达到 28.45 亿元的规模,用户数也将有极大突破。如此庞大的手机用户群体为未来的移动手机支付打下了扎实的物质基础。另外信用卡的使用习惯所表现出来的不足也为它提供了一个巨大的需求市场空间。所以我们有理由相信,移动手机支付将有一个光明的前景。

移动支付属于电子支付方式的一种,因而具有电子支付的特征,但因其与移动通信技术、无线射频技术、互联网技术相互融合,又具有自己的特征。比如移动性、及时性、定制化以及集成性。

移动支付是近年来兴起的一项移动增值业务,并在短短的几年内得到

了很大程度的发展。目前,对于移动支付的定义种类较多,除了前面提及的移动支付论坛的定义,比较常见的还有以下几种:

(1)移动支付业务是一项跨行业的服务,是电子货币与移动通信业务相结合的产物。移动支付业务不仅丰富了银行服务内涵,使人们随时随地享受银行服务,同时还是移动运营商提高 ARPU 值的一种增值业务。

(2)移动支付是依靠金融机构的安全支付能力,充分发挥运营商移动手机等特点,为广大持卡人、手机用户提供超值个性化金融服务,利用 STK 技术 SIM 卡开发的一个使用手机进行消费的功能。移动支付系统主要基于银行卡号与手机卡号的唯一性,将银行卡和手机进行技术关联,用户在普通 SIM 卡的手机上即可使用移动支付功能。

通过对移动支付定义的了解,本研究准备把移动支付定义为一种支付方式,亦即"手机支付",是用户利用其移动终端(通常是手机)对需要购买的商品进行随时随地的支付,以获取物品的所有权。移动运营商所开展的移动支付业务主要是通过手机进行的移动增值服务,例如:手机钱包,利用存储在手机话费里的金额进行小额物品的购买。金融机构同样可以开展移动支付业务,利用信用卡绑定 SIM 卡或者通过换置 SIM 卡将支付功能集成在移动终端中,完成支付业务。

目前支付标准不统一给相关的推广工作造成了很多困惑。移动支付标准的制定工作已经持续了三年多,主要是银联和中国移动两大阵营在比赛。数据研究公司 IDC 的报告显示,2017 年全球移动支付的金额将突破 1 万亿美元。强大的数据意味着,今后几年全球移动支付业务将呈现持续走强趋势。

二、移动支付的分类

对于移动支付分类,相关文献按照不同的方式有着不同的分类标准:

按照支付金额的不同,可以分为微支付和宏支付。微支付指的是小额支付,其支付净额通常小于 10 美元。在日常的微支付中,我们经常见到利用手机里的话费直接购买自动售货机里的小件商品;通过手机购买移动增值服务,如铃声、图片等。宏支付指的是交易金额相对较大的支付。在这种支付中,主要是利用手机在线购物、近距离式购物等。两者关键区别在于需要的安全级别不同。对于宏支付方式来说,通过可靠的金融机构进行交易鉴权是非常必要的;而对于微支付来说,使用移动网络本身的 SIM 卡鉴权机制就已经足够了。

按照传输方式的不同,可以分为空中交易和广域网 WAN。空中交易是指移动支付需要基于短信系统或者终端浏览器等移动网络系统,点播移动增值服务即是这种支付。WAN 交易主要指移动终端利用蓝牙、红外线等 NFC 技术在近距离内交换信息。

按照购买物品种类的不同,可以分为实物交易和服务交易。实物交易指的是移动支付的目的是获得实物。服务交易指的是用户通过移动支付购买内容或服务提供商向消费者提供的服务。

对移动支付业务进行分类有助于研究人员对移动支付这一混乱的新兴领域有一个清晰的划分,从而有助于进一步的推广。A. Zmijewska 等构建了一个以消费者为核心的模型,研究以消费者为中心的特点,有助于其行为研究,同时按照属性对移动支付业务进行区分,如:登记要求、支付价值、交易成本;E. Valcourt 等对移动支付进行了另一种新的分类:网上支付服务、POS 机的移动支付、移动商务服务的支付、面对面的移动支付。

第二节 移动支付的流程模式及现状

一、移动支付流程模式

一般来说,移动支付系统包括四个部分:消费者、商家、金融机构和移动运营商。

(1)消费者选择商品,发出购买指令,然后指令通过无线运营商支付管理系统发送到商家商品交易管理系统。

(2)商家将消费者的详细购买信息通过无线运营商支付管理系统发送到消费者手机终端进行确认操作,得到确认后再继续往下操作,否则停止。

(3)消费者确认支付后,无线运营商支付管理系统记录详细的交易记录,同时通知金融机构在商家和消费者的账户间进行支付和清算,并且通知商家提货或提供服务。

(4)商家供货或提供服务。

(5)交易结束。

根据以上流程可知,移动运营商的支付管理系统是整个支付过程中具有核心纽带功能的部件,它主要完成对消费者鉴别、认证、将支付信息提供给金融机构、监督商家提供产品和服务、进行利润分成等等。消费者发出购买指令时,消费者的权限和开户行账号等信息先传到移动运营商的支付管理系统,而不是商家系统。移动运营商只知道消费者的账户可用额度信息,初步判断消费者是否有足够的余额进行购买。消费者的开户行账号详细信息由金融机构进行管理,接到经消费者确认的支付指令后,由银行进行账户处理、支付和清算。移动运营商不能进行消费者账户处理,商家更不可以进行消费者的账户处理。这样,避免了消费者被欺骗的可能性,同时由于消费者的个人资料不是存放在商家系统中,也保护了消费者的隐私权。

二、国外移动支付的发展现状

随着"互联网＋"时代的到来,移动支付成为"互联网＋"时代移动增值业务中发展最快的一项业务,成为杀手级应用,随着 4G 技术的深入,对网络带宽要求较高的手机网络游戏、音乐下载等无线娱乐业务的发展明显加快,成为移动支付增值业务中的亮点。移动支付在全球的整体发展也很迅速,其交易规模 2016 年已经达到了 5792 亿美元(图 2-1)。

图 2-1　全球移动支付的交易规模

不同国家和地区移动支付业务的发展水平及普及程度仍然存在较大的差异性。除中国之外,日本、韩国、肯尼亚是全球移动支付发展的典型代表。

日本早在 2004 年 NFC 支付方式就开始普遍投入使用,出现了近场和远程支付方式,更是通过十几年的发展,日本的移动支付普及率远超美国和欧洲其他国家,已经形成了非常成熟的商业模式,并且推动了日本互联网的发展。目前,日本市场超过 1 亿用户使用移动支付业务,其主流的移动支付技术是日本索尼公司研发的非接触式感应技术——FeliCa,移动运营商 NTT DoCoMo 占据日本移动支付市场的主导地位。

在韩国,移动支付产业主要由运营商和银行主导,移动支付品牌主要有MONETA、K-merce,各占据韩国移动支付市场的半壁江山。由于越来越多的移动用户通过手机实现 POS 支付、购买地铁车票、完成移动 ATM 取款等,因此韩国的移动支付以手机支付为主。目前,韩国所有零售银行都能够提供移动银行业务。

令人惊讶的是在非洲国家肯尼亚,目前有 2300 万的人经常使用移动支付业务,占全国成年人的 74%。也就说,约四分之三的肯尼亚成年人使用移动支付。

北美的银行卡用户交易量几乎占了电子商务交易量的 65% 左右,美国虽然作为互联网的发源地,但是其后续技术的发展不会比中国快,根据调查,美国人对目前移动支付的发展还在适应阶段,更多的还是使用信用卡支付,当然这一方面体现了用户长期以来的消费习惯,另一方面也可以说明国外移动支付的发展还没有到喷发的态势。

德国是一个具有创新的国度,但德国人对新的事物接收持有比较谨慎的态度。对于商业经营上的一些法律规范,网络商是否有资质涉足金融活动等等,在德国都有着相应的严格规范。现在,在德国有两种消费方式,一种是现金消费,另一种就是电子现金卡和信用卡消费。电子现金卡是德国人最常使用的一种支付手段。德国的很多用户也使用网络银行账户,德国人在网上购物也大都通过转账、信用卡等手段来支付货款。所以说德国的移动支付目前趋于发展的开始阶段,需要各方面的共同努力。

尽管当下移动通讯技术发展十分迅速,但从全球的角度看,移动支付得到广泛应用的国家仍然属于少数。如高科技最为发达的美国,移动支付业务发展却十分缓慢。研究机构 Juniper 的数据显示,2012 年仅 2% 的美国智能手机用户使用 NFC 支付方式购买商品。而美国苹果公司,也一直未在风靡全球的 iPhone 手机中内置 NFC 芯片。美国有着十分成熟的银行体系,美国人的信用卡拥有率也非常高,美国人使用信用卡和 ATM 机已经可以便捷实现支付结算的需求,再加上购物途径的多样化,使得美国人对移动支付的需求普遍不高。没有明显的用户需求驱动,是美国移动支付发展缓慢的最重要原因。

三、国内移动支付的发展现状

(1)第三方支付交易规模。我国第三方支付交易规模从 2011 年 0.1 万亿元增长到 2016 年 58.8 万亿元,预计未来三年仍维持近 50% 复合增速,2019 年规模达到 229 万亿元。2017、2018 延续高速增长惯性,增速约

68％,2017 年规模达到 98.7 万亿元(图 2-2)。

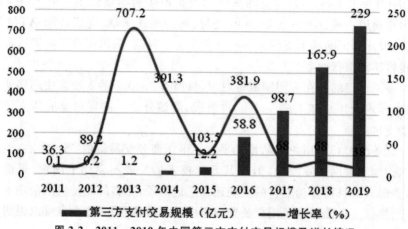

图 2-2　2011—2019 年中国第三方支付交易规模及增长情况

(2)移动支付交易规模。据前瞻产业研究院发布的《移动支付行业发展趋势与投资决策分析报告》数据显示,2016 年中国移动支付交易规模达到58.8 万亿元,同比增长率超 300％,达 381.9％。随着智能手机的普及和二维码支付市场的爆发,消费者从 PC 端向移动端的迁移速度加快,预计2019 年中国移动支付交易规模将超达到 257.3 万亿元,增长率为 50％(图 2-3)。

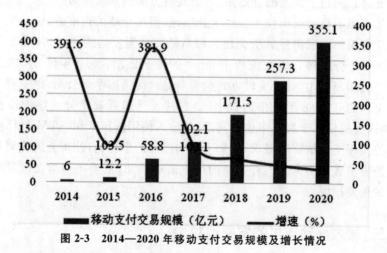

图 2-3　2014—2020 年移动支付交易规模及增长情况

(3)中国移动支付与互联网支付规模占比。互联网时代人们生活趋于碎片化,大量随机性交易随之而来,移动支付很好地满足了这一需求,更广阔地覆盖了用户生活轨迹和场景。移动支付在第三方支付中比重逐年提升,从 2011 开始占比 3.5% 巨幅上升至 2016 年占比 74.6%,预计三年后至 2019 年比重将再上升至 85.2%(图 2-4)。

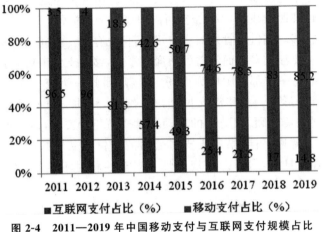

图 2-4 2011—2019 年中国移动支付与互联网支付规模占比

(4)支付宝、腾讯金融双寡头格局初定。在第三方移动支付厂商交易份额方面,支付宝以 53.73% 继续遥遥领先,而且 2017 年以来保持平稳,同比则提高了 3.31%。第三季度,支付宝继续对线下扫码业务保持大规模投入,特别是持续开发商户需求,消费类和个人转账类业务的交易规模都呈现爆发式增长。以微信支付为主体的腾讯金融份额为 39.35%,稳中有升,同比提高 1.23%(图 2-5)。

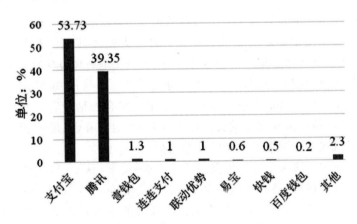

图 2-5 中国第三方移动支付市场交易额

(5)行业牌照情况。2011 年,央行发放首批支付牌照,第三方支付自此获得合法地位。2013 年以来,通过余额宝投资、春节抢红包、打车等众多消费场景深刻影响了人们的互联网支付行为,第三方支付行业嵌入更多生活场景,人们越来越习惯于这种支付方式。从 2016 年 8 月起,在四次续牌中,有 24 张支付牌照被注销,271 张支付牌照仅剩下 247 张。

在国内,移动支付尽管发展十分迅速,但也存在一些问题。从移动支付产业链看,主要涉及多方面利益的博弈和平衡,移动支付市场的各方利益诉求点不一样,每一方都试图成为市场主导者,因此一个统一协调的发展模式短期内难以形成。从移动支付客户角度看,移动支付的易用性和安全性难以做到完美兼顾,银行系的移动支付产品相对安全,但是流程相对繁琐,客户体验普遍不佳;第三方支付公司的支付产品客户使用十分方便,符合大众客户日常习惯,但是规范性和安全性相对不足,冒用、盗用风险时有发生。

第三节 消费者行为理论

一、消费者行为概念及理论

(一)消费者行为概念

在给出消费者行为这个概念的相关解释之前,先需要明确金融消费者的概念。美国给出金融消费者的定义为自然人或者具有代表资格的经纪人、代理人参与使用金融产品和服务;英国的定义是刻画公众参与金融服务时的不同状态,包括正在参与、已经参与或者考虑参与;日本的定义是参与当事人获得较为弱势的信息。基于此,本书界定金融消费者内涵为具有支付结算需求、信用需求和金融资产运用需求,同时正在、已经或者考虑采纳金融产品或接受金融服务的个体社会成员。

美国 AMA 协会给出的消费行为定义是:感知、认识、行为以及环境因素的动态互动过程,是人类履行生活中交易职能的行为基础。这一定义说明无论个体消费或是群体消费甚至整个社会的消费行为都不是一成不变的,离不开随时代、社会、国情、市场、产品、技术、消费心理等的不断变化进行对应特定的研究分析。国内学者也给出了消费行为的多种定义,指出社会人之所以参与使用金融产品及服务是为了满足内在的消费欲望。因此,本书把消费行为界定为,侧重于处在信息搜寻的感知和认知的互动阶段,而不是购买后的反馈与评价阶段。通过研究消费者影响决策制定的认知和感知因素以及影响他们想法、感觉的其他相关要素驱动,全面了解消费者,增加消费欲望、增强使用意愿的有效途径。

学者们对消费者行为有比较清楚的定义:Nicosia 认为消费者行为是以非转售为目的的购买行为;Walter 和 Paul 认为消费者行为是人们购买和使用产品或服务的决策行为;Jacoby 认为消费者行为是决策者(包括个人、家庭、公司等)获取、消费和处置产品及服务的行为;Schiffman 和 Kanuk 认为消费者行为是为了满足需求,所表现出对产品、服务等的寻求、购买、使用、评价和处置等行为;Engel,Kola 和 Lackwell 认为消费者行为是在取得、消费与处置产品或劳务时,所涉及的各项行为,并包括在这些行为之前和之后所发生的决策在内。

(二)消费者行为理论

消费者行为理论建立在经济学、决策理论和心理学的基础上。以理性行为假设为前提的经济学理论认为一个理性的消费者总是从可行的消费激励选择自己效用最大化的消费子集。该理论假设消费者是理性的经济人,即消费者无论何时何地都能理智地做出决策,或者消费者能够确切知道自己所需要的产品和服务,并且能够获取、处理和使用信息,根据其目的做出理智的谋取最大利益的选择。与消费者行为密切相关的效用理论还包含边际效用递减、排序效用以及无差异曲线等理论。

虽然在理性行为假定条件下的经济学理论对消费者行为有重要的影响,但实际上在许多情况下,消费者在进行购买决策时没有足够的时间且没有掌握充分的信息进行理性决策分析,因此没法做出效用最大化的理性决策。对此,Simon 提出了有限理性决策理论,认为人们经常实际上只做出令人满意的有限理性决策。

这一理论经常代替了早期的期望效用理论。此外,在消费者决策领域,消费者面临的决策经常是多目标决策,例如一个消费者在选择购买一辆汽车时,他想实现的目标可能有高质量、漂亮的外观、一定的发动机马力、很好的安全性能以及合适的价格等,其中有些属性可能相互冲突,面对这样一种决策,要进行理性的决策分析对于多数普通消费者来说是十分困难的。因此消费者经常根据自己的直觉和经验而不是完全理性地做出决策。

人们包括消费者在凭直觉做出决策时,经常系统性地出现偏差或犯错误。Kahneman 和 Tversky 提出的展望理论,用价值代替了人们决策所追求的效用,说明了人们在做决策判断时,对损失带来的价值和收益带来的价值量的判断是不对称的,人们感知到损失带来的价值比收益带来的价值要大。此外,人们在进行决策判断时,会强调小概率事件和忽略一般或高概率事件。Kahneman 和 Tversky 的展望理论因为能够更准确地描述人们实际做出决定的行为而对消费者行为理论影响更大。

二、消费者行为研究模型

(一)技术接受模型

1986 年,Davis 以理性行动理论为基础,探讨认知、情感因子与技术使用的关系,发展 T 技术接受模型(TAM-Technology Acceptance Model)。该理论舍弃理性行动理论的社会群体因素,在个人认知中导入有用认知(Perceived Usefulness)和易用认知(Perceived Ease of Use)两个信念,分别衡量技术对工作表现的效用程度和认识技术的容易程度。易用认知和有用认知会影响使用技术的态度,进而影响行为。另外,易用认知同时也会影响有用认知。技术接受模型提供了外部因素影响内部因素的途径,并描述了易用认知、有用认知、态度和行为意图之间的内在逻辑结构。此后经过不断完善,技术接受模型在不同的应用背景下引入了更多的内部和外部变量,形成了更加系统的模型体系(图 2-6)。

很多研究者并不是单纯的验证技术接受模型,而是把技术接受模型和一些相关理论结合起来进行研究,在技术接受模型的基础上,Mathieson(1991)进一步引入了计划行为理论;而 Taylor 和 Todd(1995)添加了主观规范和认知行为控制;Lucas 和 Spider(2000)为了加强技术接受模型在社会实践中的适用程度,将社会规范和系统质量认知与之结合。2000 年,Davis 和 Enkatesh 把社会和组织因素引入模型,诸如主观规范、印象、产出质量、工作相关性等,从而提出了扩展的技术接受模型。此后,Venkates 和 Morris(2000)又将性别因素和经验因素加入扩展的技术接受模型中。

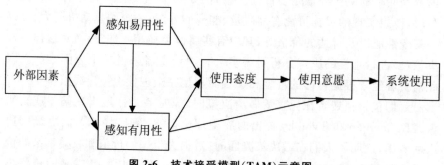

图 2-6　技术接受模型(TAM)示意图

　　信息技术从本质上讲是使用者用来完成组织任务的一种工具,如果不考虑工作任务则会导致模型对信息技术采用的解释模糊不清。任务技术匹配模型(Task-technology Fit Model)被用于解释信息技术对工作任务的支持能力,通过描述认知心理和认知行为来揭示信息技术如何作用于个人的任务绩效,反映了信息技术和任务需求之间存在的逻辑关系。通过对技术接受模型和任务技术匹配模型两个模型的整合,极大提高了技术接受模型的解释和预测能力。

　　Vankatesh 和 Davis 提出扩展的技术接受模型(TAM2),该模型是在TAM 中去掉行为态度变量,详细定义外部变量以及引入两个调节变量的基础上提出的。TAM2 模型认为有用性和易用性可以直接影响行为意愿,而不用通过行为态度去间接影响,这是对技术接受模型最大的改进,去掉行为态度变量后的技术接受模型更为简化,事实上用户对某项技术的接受意愿并不一定通过态度这一中介变量去间接影响,因为现实情况下很多因素会影响用户的使用态度,甚至主观心情也会影响用户态度,因此,去掉行为态度的技术接受模型更有说服力。TAM2 模型中的外部变量被细化为 5个具体变量,且仅对感知有用性有正向影响,通过感知有用性的中介作用间接影响行为意愿,其中主观规范变量也可通过经验和自愿性的调节作用直接影响行为意愿。TAM2 理论模型如图 2-7 所示。

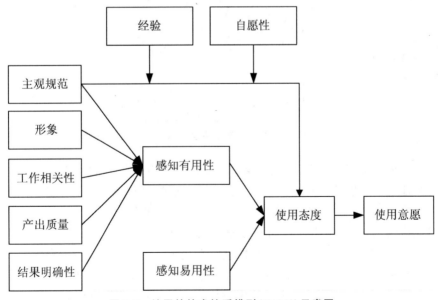

图 2-7　扩展的技术接受模型(TAM2)示意图

（二）联合技术接受与使用模型

联合技术接受与使用模型（Unified Theory of Acceptance and Use of Technology，UTAUT），是由 Venkatesh 等（2003）提出的。他们整合了当时具有重要意义的八个模型：理性行为理论（TRA）、技术接受模型（TAM）、PC 利用模型（MPCU）、计划行为理论（TPB）、创新扩散理论（IDT）、社会认知理论（SCT）、复合的 TAM 与 TPB 模型（C-TAM-TPB）以及动机模型（MM），并在此基础上，提炼出了四个影响使用意愿和使用行为的核心变量：努力期望（Effort Expectancy）、绩效期望（Performance Expectancy）、社会影响（Social Influence）和促进因素（Facilitating Condition）（图 2-8）。

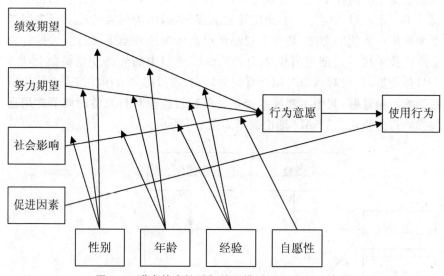

图 2-8　联合技术接受与使用模型（UTAUT）示意图

该模型的解释如下：绩效期望指的是用户认为一个系统的有用程度，它与其他模型中的感知有用性、相对优势等概念相对应；努力期望是指个体认为学习使用某项技术所要付出的努力程度，与感知易用性、复杂性等概念相对应；社会影响是指用户认为对其重要的人认为他/她应该使用系统的程度，它与主观规范等概念相对应；促进因素是指一些外界因素对用户使用系统的支持，它主要与感知行为控制等概念相对应。UTAUT 模型认为，绩效期望、努力期望、社会影响对使用意愿有直接影响，使用意愿和促进因素对使用行为有直接的影响作用。研究表明，UTAUT 模型对技术接受的解释度最高可接近（Venkatesh 等，2003）。由此可见，UTAUT 模型很好地预测了用户接受和使用一项技术系统的程度,自模型提出以来,该模型已被广泛应用于很多研究情境中,是一种非常好的测量用户使用行为的工具。

UTAUT 模型提取了能够预测人们使用某项技术的重要因素。起初,UTAUT 模型是用来研究组织情境下员工使用组织的某项技术应用的使用意愿和使用行为。后来,随着该理论的发展,UTAUT 模型的应用逐渐延伸到其他学科领域。近年来,随着互联网技术的不断发展,与消费者有关的各种技术设备、应用以及服务层出不穷,带来了与此相关的消费者使用这些技术应用的研究(Stofega 和 Llamas,2009)。近年来,不少学者应用UTAUT 模型来研究消费者行为。

(三)期望确认模型

Oliver 首次提出期望确认理论(ECT-Expectation Confirmation Theory),来源于消费者行为学理论,是消费者在购买商品或者服务前的期望与购买后、使用后的感知的比较结果,期望影响用户是否满意,而满意度则直接影响消费者的持续使用意向(Repurchase Intention)。期望确认理论源于社会心理学理论,该理论描述了当用户对环境或者事物的意识、表现、感受与实际情况有差距时,自我调节的行为(图 2-9)。

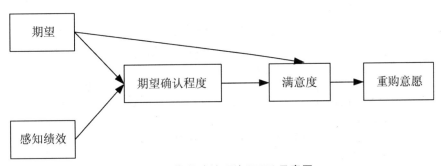

图 2-9 期望确认理论(ECT)示意图

从期望确认理论模型来看,用户的再次购买使用意愿过程是:消费者在购买或使用产品或服务前,会根据自己心中的标准和以往的经验对欲购买或使用的产品或服务形成一个期望,并影响之后的产品体验和态度。使用过后,将实际情况的感受与自己之前的期望对比,用户会对产品或服务的表现形成新认知,如果用户对该产品绩效期望高于其实际效果,就会产生负向的确认度,对用户的满意度产生负面影响;绩效期望低于用户的实际感知绩效时,确认度就正向影响用户的满意度。最终用户的满意度直接影响用户的持续使用意向,用户越满意,则用户持续使用的确定度也就越高,满意度和持续使用意向之间是正相关的。

由 ECT 理论模型得出,消费者再次购买、持续使用的关键就是用户的满意度。McKinney 等(2012)以期望符合理论为基础,提出将用户满意度分段进行分析,得出信息系统的便利性、易用性、娱乐性使用户对系统技术更加满意,更加依赖系统。用户的意向行为与期望、满意度之间的关系在很多研究中都得到了验证。期望确认理论为用户使用行为领域的研究提供了基础性的理论模型,后续很多学者在该理论模型的基础上进行创新、拓展,发展出了很多具有针对性的研究用户持续使用意愿的模型。

(四)IS 持续使用模型

Bhattacherjee(2001)认为,用户对信息系统使用行为类似于消费者对一般产品和服务的采纳行为,都是受到初期购买决策的影响,进而得到使用感知来决定后期的使用,从而可以将期望确认理论对持续使用意向行为的研究方法延伸到用户对信息系统的持续使用行为研究。因此,Bhattacherjee 将 TAM 与 ECM 两个模型进行整合,提出了适用于信息系统用户持续使用意向研究的新模型,即信息系统持续使用模型(Expectation-Confirmation Model of IS Continuance,ECM-ISC)。如图 2-10 所示。

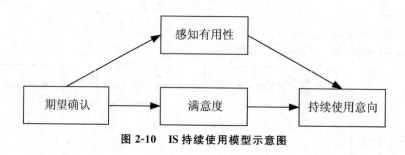

图 2-10 IS 持续使用模型示意图

这个理念主要来源于 TAM 模型,在技术接受行为领域,很多学者已经证实感知有用性是影响用户行为的重要维度,因此对用户持续使用意愿产生影响。另外感知有用性还将受到期望确认的影响,即用户在使用信息系统时随着经验的增加,对信息系统的感知有用性认知也会随之改变。

ECM-ISC 模型提出后,很多学者在研究用户持续使用信息系统行为时,在其基础上结合其他理论模型,进一步验证了模型的有效性。国内外很多学者在研究电子银行、电子商务、虚拟网络应用服务时,都结合模型得到了有效的研究结果理论。其中,被多次提出并应用的结论有:用户的感知有用性直接影响其持续使用行为;用户的期望得到确认是影响满意度和感知有用性的直接因素;而用户的感知有用性、满意度作为中介变量,突出了期望确认度对用户持续使用行为的影响。

ECM-ISC 模型关注的是用户采纳后的行为，解释的是持续使用问题。另外，加入满意度、期望确认程度变量的准确定义，可以更好地研究持续使用行为。用户满意度这一心理状态与其对系统预期绩效有关，在 IS 持续使用意向和行为的研究中直接影响期望确认程度。预期越高，就越会有较高的期望确认程度，从而正向影响用户的满意度和使用意向。

ECM-ISC 体现了用户持续行为过程中心理认知的变化和反应过程，相对于 ECM 有了一定的进步：

第一，期望确认模型考虑的是购买前期望，ECM-ISC 增加了消费者购买后的期望研究，与使用前不同。使用前的期望主要来源于宣传媒体、他人经验或制造商，而购买使用过后用户能够通过自身的经历来产生期望确认，且随着时间推移用户掌握的信息越来越多，其对信息系统的期望也会不断更新。而用户使用前的期望已经包含在使用后的期望确认和满意度维度中。

第二，在 ECM-ISC 中，感知有用性融合了用户的期望，并且很好地衡量了用户使用信息系统后的感受。在 ECM-ISC 模型中使用感知有用性来表示用户使用后的期望，这个理念主要来源于 TAM 模型，在技术接受行为领域，很多学者已经证实感知有用性是影响用户行为的重要维度，因此对用户持续使意愿产生影响。另外感知有用性还将受到期望确认的影响，即用户在使用信息系统时随着经验的增加，对信息系统的感知有用性认知也会随之改变。

第三，虽然 ECM-ISC 模型也融合了 TAM 的理论，但是二者有明显不同：TAM 模型主要研究的是用户的初次接受影响因素，包括了使用前期望和体验差距等维度，而 ECM-ISC 模型主要关注用户初次采纳后的持续使用意愿，对用户的持续使用行为的解释能力更强；另外，ECM-ISC 模型弥补了 TAM 模型的不足，即能够解释用户使用某信息系统后不再继续使用的现象。因此在研究用户持续使用行为领域，ECM-ISC 模型更具有广泛性和较强的预测能力。

在一系列的期望模型中，都各自结合各种理论丰富了原始期望确认模型，但这些模型的目的是研究用户的持续使用意向，仅仅是在思想意识上的研究，而研究用户意向的最终目的是为了研究用户的行为。采纳、接受意向是研究信息技术、信息系统、移动商务应用行为的必要条件，但不是充分条件，从而，Limayem 将 ECM-ISC 模型的研究因变量从用户的持续使用意向提升到持续使用行为。Bhattache 也提出将研究扩展到持续使用行为，所有意向并不是研究的终结，意向导致影响行为，所以将期望模型延伸到研究用户持续行为。

（五）扩展持续使用模型

扩展持续使用模型，又称为扩展的 ECM-ISC 模型，很多是应用于研究信息系统等新型信息技术、服务的，根据行为理论，不但将意向转换到行为，而且在原 ECM-ISC 模型的基础上引入感知行为控制理论（PBC），加入 IT 自我功效和促成因素两个变量。自我功效这一变量是指用户评估、相信自己能独立地执行其特定意向的行为，反映了个体的内在技能、水平。当用户缺乏使用技巧，发现自己无法通过自身能力或寻求他人的帮助下完成相应技术的使用，就无法转变使用意向为使用行为。而促成因素，是指用户感知到的产生行为而能够获得、调控的必备外部资源、技术等，反映了用户确信的技术、资源是否可用的程度。用户可以获得的外部资源、技术支持、硬件设备等协助用户完成使用行为的支持因素，是移动商务、信息技术、系统为用户构建的相应资源、技术，是促使用户行为完成的因素，是用户决策其持续使用意向、行为的因素。

扩展后的持续使用理论模型，对于解释用户的持续使用意向和行为比原模型更具有解释力。扩展 ECM-ISC 模型在研究用户对信息技术、信息系统使用的意向、行为时，通过实证研究结果得出：用户使用的满意度受到系统和服务质量的影响，这一点突出在用户的感知有用性这一因素；满意度、感知有用性影响用户的持续使用意向；用户对信息技术、系统、服务初次使用后会根据其自我功效，对其是否继续使用做出决策，进而决定是否进行持续使用的行为，用户在使用后，由于自身知识、技术壁垒以及学习能力等所限，一般会产生放弃继续使用的意向；促成因素直接影响用户的持续使用意向、行为，如果用户不具备使用信息技术的设备、资源、技术支持，用户的使用意向受到阻碍，也不得不放弃继续使用的行为。

近两年，有很多学者将扩展的 ECM-ISC 模型应用于用户对虚拟世界、互联网应用的研究，如 Facebook、SNS、在线知识社区、网络银行等互联网金融应用。扩展 ECM-ISC 的模型如图 2-11 所示。

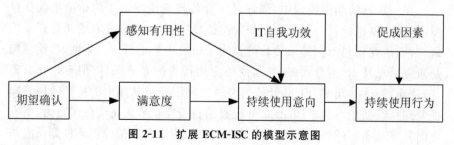

图 2-11　扩展 ECM-ISC 的模型示意图

第四节　感知风险与感知价值

一、感知风险

(一)感知风险的定义

感知风险的概念最初是由哈佛大学的 Raymond A. Bauer 从心理学延伸至消费者行为研究学领域,认为消费者任何的购买行为把握其成功预期的正确率都无法达到百分之百,正是因为购买决策中隐藏着的不确定性可能会导致不愉快的结果。学者们基于 Cunningham 于 1967 年提出的双因素理论关于感知风险的具体解释给出各自的定义并衍生出多个感知风险的测量模型。目前,感知风险在互联网络环境下的主要定义为消费者使用互联网络买卖时会对产品品质、出售方信用、安全技术、宣传方式以及内外环境产生不确定因素的主观预期导致决策的错误判断,由此容易出现不同程度的负面结果。

(二)感知风险维度

目前国内外关于感知风险方面的研究大多通过风险要素法(risk-component approach)来确定和测量消费者行为中移动支付感知风险的维度问题。感知风险是一个多维度(multiple dimensions)的概念,对感知风险维度的研究是逐步拓展的,最先是由 Cox 提出,将感知风险定义为两个维度:财务风险与社会心理风险。Roselius 在感知风险维度的研究中提出了时间风险、困难风险、心理风险和财务风险,首次出现了时间风险的概念。此后,Jacoby 和 Kapalan 丰富了感知风险的维度,提出了五个维度,分别是绩效风险、社会风险、心理风险、财务风险以及身体风险。这五种风险对总体感知风险的解释力度达到了 61.5%,同时研究指出,针对不同的产品,每种感知风险的重要程度也不同。

Stone 和 Gronehaug(1993)将每个维度用三个要素来测量,最终验证了绩效风险、社会风险、财务风险、心理风险、身体风险、时间风险的存在,且认为这六个维度并不完全相互独立。而他们提出的这六个维度风险对总体感知风险的解释力度达到了 88.8%。Jarvenpaa 和 Todd(1996)首次提出了隐私风险作为网络购物感知风险的一个维度。Hofacker(1998)通过对网络消费行为的研究,提出了网上消费感知风险的五个构面:时间、安全、店家、品牌和隐私风险。

Sandra 和 Boshi(2003)认为财务、绩效、隐私、时间、便利风险是网上消费者最为关心的问题,Featherman 和 Pavlou(2003)提出了经济、功能、心理、社会、隐私和时间是网上消费的六个风险维度,Margy 等(2004)将风险维度分为财务、绩效、实体、心理、社会、时间和相关决策风险七项。Xie(2013)研究了个体网上购物者在物流和分销环节中的感知风险,并将其分为绩效、时间、心理、隐私和经济五个维度,其中绩效风险最为明显,其次是时间风险。Karoubi 等(2016)以法国消费者为样本数据机进行实证研究,结果显示不可用风险和时间风险对持有和使用支付工具有重大的横向影响。

国内的孙祥等(2005)认为财务风险、绩效风险、隐私风险、心理风险、时间风险、社会风险和身体风险是感知风险的七个维度,能够解释总方差的63.3%。井淼等(2005)通过实证研究,提出了网上消费感知风险的八个维度,即经济风险、功能风险、隐私风险、社会风险、时间风险、身体风险、服务风险和心理风险,这八个维度可以累积解释总方差的72.6%。邵家兵(2006)等人针对网上热门消费物品:书籍和服装,总结出了绩效、经济、时间、社会、隐私、物力、心理和感知八个构面;并且发现,不论是书籍还是报刊,绩效、经济、时间、隐私风险均排在前四位。于丹、董大海等(2007)在传统的六个构面的基础上,又增加了服务、交付、隐私和信息风险,形成了十个构面的网上消费风险感知构面,并且强调传统的"社会风险"在网络环境下几乎不成立,也就是说对于消费者而言,网上购物的社会风险几乎不存在。赵鹏程(2010)在其硕士论文中对网络环境下消费者感知风险的影响因素进行研究,在总结前人研究的基础之上,归纳出感知风险的三个维度,分别是财务风险、隐私风险、产品功能风险。傻娜(2013)将网上支付用户感知风险分成四个维度:即隐私风险、法律风险、操作风险和时间风险,其中感知隐私风险水平最高。

综上所述,通过对消费者感知风险维度的研究的梳理,不同学者有不同看法,多数学者都是在传统感知风险维度上加入了网络的特殊性,且在不同的购买情境下感知风险各维度对总体感知风险的贡献度是不一样的。本书结合现状拟从五个方面来探讨感知风险的维度,分别是隐私风险、经济风险、服务风险、心理风险、技术风险。

(三)感知风险的影响因素

感知风险的影响因素有很多,主要有以下几点:首先,人口统计学变量对消费者感知风险的影响,其中包括消费者的性别、年龄、受教育程度、职业以及家庭收入等因素,除此之外,消费者的个性特征也是影响感知风险的重要因素。

第一是用户的风险态度。Arrow(1965)研究消费者对待风险的态度时将其划分为三个类别:风险规避型消费者、风险中立性消费者、风险偏好型消费者。这些不同个性特征使消费者面对感知风险时会产生不同的消费行为。

第二是卷入程度。目前卷入程度与感知风险之间的关系还没有一致的结论。有的学者认为个人卷入程度的高低将会影响其感知到的风险的大小,高的卷入倾向于带来更加丰富的产品知识和个人情感,进而对感知风险做出进一步的评估与预测。而Chaffee和Mcleod(1973)则认为消费者在线上对产品的购买进行了感知风险的评估后,才会进一步提高个人卷入程度,消费前较高的感知风险会使消费者增加其个人卷入。

第三是产品的差异性。不同产品间的差异性越大,消费者感知风险就会越高,消费者的购买决策是由一系列复杂因素决定的,其中必然包含不同的购买目标之间的相互协调,而产品的差异性会使消费者牺牲一些购买目标从而使消费的心理上产生一定的落差,加强了对不确定性与不利后果的主观感受,也增强了消费的感知风险。

第四是购物环境。消费者在不同的购物环境下会产生不同的消费者心理与行为,这些不同的购物环境包括不同的体验方式、不同的支付方式以及不同的配送方式等等。这些环境的变化会使消费者在某些环节产生不同的感知风险或者使原有的某些感知风险程度产生变化。例如消费者在网络购物中的感知风险就与在传统购物环境下的感知风险具有很多明显的差异。

第五是产品知识。消费者具有产品知识会影响消费者购买行为中所感知到的风险的高低,影响消费者购买决策。

二、感知价值理论

感知价值理论(Perceived Value Theory,PVT)起源于产品营销领域对顾客意愿及行为的研究。20世纪50年代,Drucker认为,相对于产品来说,用户更看重的是价值。在随后很长的一段时间里,对用户感知价值的研究逐渐多了起来。目前大部分对于感知价值的理论研究,都是以消费者为研究对象进行的。本书对现有感知价值的相关概念整理如下:

Sheth等(1991)认为感知价值不是单一的概念,而是由很多个因素组成的,不能狭隘地定义为质量或价格。Bolton和Drew(1991)认为表现水平和服务本身也会影响消费者的感知价值。他们发现收入水平和价值感知之间的关系较弱,消费者更擅长从个人和环境变量中来感知服务的价值。Bmns(1993)给出了感知价值的五个维度:第一个是功能性价值,第二个是情感价值,第三个是社会价值,第四个是认知价值,第五个是情境价值。这五个感知价值的维度得到了非常广泛的运用。Zeithaml(1998)将感知价值定义为用户在拥有某一个产品或某一项服务时对感知到的收益和感知到的成本进行对比后的总体评价。它可以通过简单的询问顾客在购买过程中所获得的主观态度来进行相应的测量。Parasuraman 和 Grewal(2000)认为个体的感知价值可以分为四个部分,它们分别是得到价值、交易价值、使用价值和重购价值。

董大海(1999)对感知价值的定义是消费者在消费的过程中感知到的所得到的收获和所付出的成本进行对比的结果。白长虹和廖伟(2001)认为,消费者的感知价值分为感知利得和感知利失两部分,它们是消费者对他们所消费的产品或服务的一种心理上的偏好,也相当于是感知效用和感知成本之间的一种权衡结果。

综上可以看出,感知价值的定义并没有一个一致性的结果,本书基于对上述文献中提法的总结,认为感知价值是用户对服务的一个主观的判断,它与消费者本身的性格特征和环境变化联系较为紧密,主要还是以感知的利得性与感知的利失性来衡量和评价。本书研究所涉及的消费者感知价值是基于移动支付消费的。

目前,学术界关于认知个体对产品、服务或行为感知价值的形成机理有数种解释。其中,"层次模型"从个体认知逻辑出发,认为感知价值来源于个体对感知信息的处理,并产生三个认知层次:第一层是个体在某一产品、服务或行为的具体属性和结果中形成的价值感知;第二层是个体对某一产品、服务或行为可能带来的其他方面的收益和风险的评价(如心理感受、社会舆论等);第三层是个体基于自身所处的具体情境对前面两层认知的权衡,主要是出于对风险因素的考量。

感知价值的层次模型强调了具体情境对个体感知价值的影响,认为感知价值是基于个体行为前的期望和行为后的结果的对比认知,个体对某一产品、服务或行为的感知价值会直接影响其行为意愿与行为决策。感知价值的"权衡模型"认为感知价值是个体通过对利益和风险(成本)之间的权衡和比较形成的主观评价,当感知利益大于感知风险(成本)越多时,个体的感知价值水平就越高,其行为趋向性就越明显,感知利益包括产品收益、服务质量、情感满足等,感知风险包括货币损失以及机会成本等,而两者权衡比较的结果会直接影响个体的行为意愿和行为决策。

第五节　其他相关理论研究

一、用户持续使用行为

用户持续使用理论关注信息利用过程中用户与信息、产品、服务交互过程的评价、反馈与强化。Parthasarathy(1998)在研究信息系统时曾指出,争取一个新客户的代价是维系一个老客户所要付出的代价的 5 倍。对信息系统来说,用户的持续使用比初始接受更为重要。

研究理论和模型是不断发展的。Oliver 首次提出期望确认理论(ECT),这是消费行为学中研究消费者满意度的基本理论,Oliver 认为消费者再次购买产品或持续使用服务的关键就是其对于产品或服务的满意度,继而影响其持续使用的意向。Bhattacherjee(2001)考虑了信息技术采纳研究中极具影响的理论技术接受模型,将它与期望确认理论模型(ECT)整合,提出了适用于信息系统用户持续使用意向研究的新模型——信息系统持续使用模型(ECM-ISC);针对 ECM-ISC 中因变量仅仅是持续使用意图,Limayem(2007)在该模型基础上将因变量扩展至持续使用行为。

ECM-ISC 模型提出后,国外很多学者在研究电子银行、电子商务、虚拟网络应用服务时,都结合模型得到了有效的研究结果。Tang 和 Chiang(2010)在研究博客用户的持续使用行为时,加入经验变量,证实感知有用性、满意度和经验能大大促进用户对博客的持续使用意向。Hsu(2010)以 ECM 为框架对互联网服务的研究都验证了 ECM 在解释用户持续行为时的有效性。Barnes 等(2011)将 ECM-ISC 应用到 Twittr：用户持续使用行为的研究中,用户的期望得到确认是影响满意度的直接因素,进而影响其持续使用行为。Hayashi 等(2013)结合社会认知理论,整合模型之后对用户持续使用网络学习系统的行为意愿进行实证研究。Kim 等(2011)在研究中加入感知趣味性这一因素,证明感知趣味性是影响用户使用行为的一个重要因素,继而影响用户的满意度和持续使用意向。

国内,很多学者对移动商务在基础模型的基础上,结合其他行为理论或者心理学理论,构建新模型,探索研究各种持续使用行为。

孙建军(2013)在用户持续使用行为相关研究文献的基础上,以期望确认模型为框架,结合感知娱乐理论、感知成本理论和习惯理论,构建出视频网站的持续使用模型,研究视频网站用户持续使用意向和持续使用行为的影响因素和作用机制。刘鲁川和孙凯(2011)在 ECT 模型中加入转换成本和习惯变量,对移动阅读用户持续使用情况进行研究,习惯对用户持续使用意图有正相关关系。董婷(2013)以整合型技术接受模型、情境理论、感知风险理论和满意度理论等构建研究模型,对比移动支付持续使用意愿与接受意愿影响因素,分析用户在不同阶段的影响因素相互作用的规律性结论。

毕新华等(2011)在研究移动商务用户的持续使用时,将信任与 ECM-ISC 模型整合,验证了该模型可以很好解释和预测移动商务用户持续使用行为。唐莉斯,邓胜利(2012)在研究 SNS 网站用户忠诚行为的影响因素时,得出用户对其满意度对用户的忠诚度有显著的影响。

刘鲁川(2011)等利用扩展的 ECM-ISC 模型研究了很多用户行为。其中有云计算服务用户持续使用的理论模型中,通过实证研究结果得出:云计算用户的满意度受到系统和服务质量的影响,满意度、感知有用性影响用户的持续使用意向。在他另一篇研究中,刘鲁川使用扩展的 ECM-ISC 模型,构建了移动搜索用户持续使用的理论模型,对基本的模型进行了补充与修正。研究结果表明,期望确认度对感知有用性和满意度产生影响;IT 自我功效、促成因素等直接影响用户的持续使用意向、行为。

二、用户感知解释结构模型

解释结构模型(Interpretative Structural Modeling,ISM)是美国华费尔教授于 1973 年作为分析复杂社会经济系统有关问题的一种方法开发的。该模型应用广泛,如今大到诸如国际能源问题、地区经济问题,小到企业甚至是个人问题,都可以据此进行分析研究,其特点是能够把复杂的系统分解为若干子系统(要素),利用人们的实践经验和知识,以及借助计算机的帮助,将复杂系统构建成一个多级、递阶的结构模型。该项技术属于概念模型,可以帮助人们把模糊不清的思想、看法转化为具有直观、清晰特点的结构关系的模型。

例如,薛顺利等人采用解释结构建模对逆向物流进行了研究;凤秀锦则对人口控制系统结构化建模,将 ISM 理论运用于人口系统结构分析。总的来说,ISM 特别适用于变量众多、关系复杂而结构不清晰的系统分析。

一般来说,实施 ISM 的工作程序(图 2-12)有:

(1)组织实施 ISM 的小组。小组成员要对所研究的问题都能持关心的态度。同时,还要保证各种不同观点的人员进入小组,如有能及时做出决策的负责人加入小组,则更能进行认真的且富有成效的讨论。

(2)设定问题,分析系统需求。

(3)选择构成系统的要素。合理选择系统要素,既要凭借小组成员的经验,还要充分发扬民主,要求小组成员把各自想到的有关问题都写在纸上,然后汇总整理成文。小组成员据此讨论、研究,提出构成系统要素的方案,经过若干次反复讨论,最终求得一个较为合理的系统要素方案。

(4)根据要素明细表做构思模型,并建立邻接矩阵和可达矩阵。

(5)对可达矩阵进行分解后建立结构模型。

(6)根据结构模型建立解释结构模型。

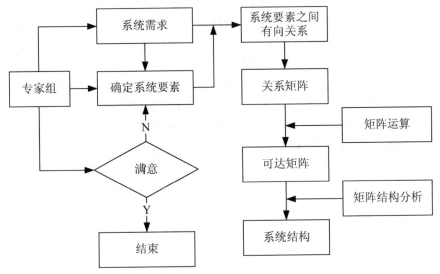

图 2-12　ISM 建模过程

简单地说,ISM 方法的基本步骤为设置要解决的问题,选择基本要素,建立邻接矩阵和可达矩阵,分解矩阵以建立结构模型,根据结构模型来解释该模型的结构。例如可达矩阵分解方法具有以下步骤:

(1)区域分解。根据对可达集合及先行集合的分析结果,进行区域划分,也就是把系统各要素按照相互间的关系分为两大类:可达与不可达;并判别哪些要素是连通的,将系统分成若干个相互独立、没有直接或间接影响的系统。具体方法是先求出可达矩阵元素组成的可达性集合 $R(S_i)$、先行 $A(S_i)$ 和共同集合 T。

其中:

$$R(S_i) = \{S_i \in N/S_{ij} = 1\} \qquad (2\text{-}1)$$

$$A(S_i) = \{S_j \in N/S_{ij} = 1\} \qquad (2\text{-}2)$$

$$T = \{S_i \in N/R(S_i) \bigcap A(S_i) \neq \varnothing\} \qquad (2\text{-}3)$$

当 $R(T_u) \bigcap R(T_v) = \varnothing$ 时,元素 T_u 和 T_v 属于同一区域,反之则不属于同一区域。经过这样的运算后,集合就可以分解成多个区域了。

（2）级间分解。所谓级间划分，就是将系统中的所有要素以可达矩阵为准则，划分为不同层次，级间分解在每一区域内进行。

如果 S_i 是最上一级单元，它必须满足：

$$R(S_i) = R(S_i) \bigcap A(S_i) \tag{2-4}$$

这样，就可以确定出结构的最高一级要素，将其从可达矩阵中划去相应的行和列。接下来，再从剩下的可达矩阵中寻找新的高级要素，依次类推，就可以找出各区域所包含的高级要素集合，从而对可达矩阵进行级间分解。

（3）强连通子集划分。在进行级间划分后，每级要素中可能有强连通要素，在同一区域内同级要素相互可达的要素集合就称为强连通子集。其矩阵表现为子集满阵，在有向连接图中表现为都有箭线指向对方。

（4）求解结构模型。建立在系统中的问题元素之间的分层关系反映层次结构模型可以进行的矩阵 M 向上的基础上。求解的结构模型，即建立一个系统矩阵反射的多阶梯结构，其具有的结构模型使梯形图构成系统。具体方法是，除去强连接区域，该分析减少获得可达性矩阵 R'。

第三章 影响移动支付发展的因素

作为互联网金融基础设施和业态的重要模式,移动支付的发展直接决定了互联网金融发展的品质和用户满意度。近年来移动支付发展规模不断扩大,但增长率有所下降。为了研究影响其发展的因素,本章运用静态分析方法构建"移动支付体系结构模型",探析影响因素之间的结构性分布及其逻辑关联。研究结果表明,市场规模、技术创新能力、平台的业务范围及其盈利模式是直接因素;同质竞争、银行竞合、信息安全、用户的需求及消费习惯等指标是间接因素;法律监管、内部管理等是根本层因素。各因素间也有一定的相互作用。该研究为移动支付企业经营发展提供一种清晰的管理思路。

第一节 移动支付影响因素的研究

在线支付是在信用卡支付的基础上,随着科技的发展而延伸出来的一种支付方式。所谓在线支付是指卖方与买方通过因特网上的电子商务网站进行交易时,银行为其提供网上资金结算服务的一种业务。它为企业和个人提供了一个安全、快捷、方便的电子商务应用环境和网上资金结算工具。在线支付为个人网上银行客户提供了网上消费支付结算方式,使客户真正做到足不出户,网上购物。在线支付是传统支付手段与信息技术结合的产物,从这一特点来说,与移动支付也有很大的相似之处,因此,研究在线支付使用意愿影响因素,对研究移动支付使用意愿的影响因素也有借鉴意义。

一、国外相关研究

Suh 和 Han(2002)采用科技接受模型研究了消费者对在线支付的采纳行为,并将信任因素添加进模型中。研究发现,认知有用性、认知易用性以及信任等因素都是影响消费者采纳在线支付的影响因素。

Karjaluoto(2002)通过对芬兰在线支付使用者的调查显示,个人统计变量是消费者使用在线支付的非常重要的影响因素。其中,职业和月收入是影响最为显著的两个变量。相对来说,年轻、受过良好教育、月收入较高、从事较好职业的人更倾向于接受在线支付。

Chau 和 Lai(2003)通过对 160 名在线支付潜在用户的研究发现:唯一影响消费者使用在线支付的因素是消费者对在线支付的认知易用性,此外,认知易用性也通过对认知有用性的影响,间接地影响着消费者对在线支付的态度。在该研究中还发现,认知有用性与个性化、捆绑服务以及对使用场景的熟悉程度密切相关,而认知易用性与可接触性密切相关。

Kolodinsky(2004)通过对美国在线支付的研究发现:对未来有较高期望、年轻、受过良好教育的消费者对在线支付有更正面的态度,婚姻状态和种族则对在线支付态度的影响不大。

Lassar(2004)研究了个人统计变量对在线支付接受的影响。主要采用了收入、教育程度和年龄三个变量对美国东部三所大学进行调研,调研结果显示:年龄和教育程度对消费者接受在线支付影响不大,但年收入显著影响消费者对在线支付的接受意愿。

Chan 和 Lu(2004)以扩展科技接受模型和社会认知理论对消费者是否使用在线支付进行研究。研究表明:认知有用性与消费者的使用意愿密切相关,在线支付的形象正向影响着消费者对在线支付认知有用性。研究还发现,认知易用性对消费者是否使用在线支付影响不大,系统安全性对认知有用性影响也不大,但计算机自我效能则显著影响认知易用。

Eun-Ju Lee(2005)从相对优势、系统安全性和相容性出发,研究消费者对在线支付的使用意愿。其中,从便利性、经济利益、银行网点、服务速度来对在线支付的相对优势进行分析;从消费者感知交易安全、在线支付的规模以及消费者对在线支付的熟悉程度进行系统安全性分析;从消费者过去与银行的交易经验、对互联网的熟悉程度来对相容性进行分析。分析结果表明,便利性、快速服务、交易安全、过去与银行的交易经验、对互联网熟悉程度都是影响消费者在线支付使用意愿的影响因素。

Sukkar 和 Hasan(2005)对发展中国家的在线支付消费者进行研究,并以 TAM 模型为研究基础,通过对约旦国内五大银行的管理人员进行访谈,分别从客户和银行的角度提出影响消费者在线支付使用意愿的影响因素。研究发现,在发展中国家,在线支付的认知有用性和认知易用性是影响消费者在线支付使用意愿的重要影响因素,此外,对在线支付的信任感知则正向影响着消费者对在线支付的认知有用性和认知易用性。

Eriksson(2005)添加信任因素,并以科技接受模型为基础,对爱沙尼亚的银行服务进行研究。作者从消费者对银行本身安全的信任以及消费者对银行存储用户数据的安全性两个角度对信任进行研究。研究结果表明：认知有用性和认知易用性是影响消费者在线支付的重要影响因素，信任则通过对认知有用性和认知易用性的影响间接影响消费者在线支付的使用意愿。

Cheng(2006)添加感知网络安全因素，以科技接受模型为基础，从中国香港消费者对在线支付的使用意愿这一角度进行研究。研究结果显示：认知有用性对消费者在线支付的使用态度和使用意愿影响较大，而认知易用性则影响不大；感知网络安全性则是影响消费者在线支付使用意愿的重要影响因素。

学者在研究创新扩散理论时建立了一个新的概念"消费者创新性"。Rogers(1995)给"消费者创新性"下的定义是："相对于社会系统的其他人来说，个人较早采用一项创新的程度"。移动支付是电子商务的组成部分，创新性高的消费者会率先使用。

Bryman. A(2004)在其论文中提到，网络外部性可以分为两种，即直接网络外部性和间接网络外部性。他们认为，直接网络外部性来自于在消费市场上消费者使用同种产品的数量而引发的直接物理效应。间接网络外部性就是指随某一商品或服务消费者数量的增加，该商品或服务的互补品因此而数量增加、价格降低，进而给消费者带来的价值。移动支付具有典型的间接网络外部性，所以网络外部性被部分学者认为是影响消费者使用意愿及行为的影响因素之一。

Szmigin 和 Bourne(1999)认为移动支付是市场上一个新的支付网络。消费者决定使用移动支付与否很大程度上取决于使用移动支付的商家数量的多少，因为商家的数量决定了消费者使用移动支付的机会多少。相应的，使用移动支付的消费者越多，也将吸引更多的商家加入这个新的支付网络。因此，外部商家及其他消费者加入移动支付网络对其他消费者使用意愿及行为有所影响。

Hans(2002)通过对移动支付使用意愿的影响因素研究，证明影响移动支付成功的主要因素是消费者和商家对移动支付方式的接受程度，而这种接受程度又受到交易成本、使用便利性和风险的影响；如果交易成本越小，预知风险越小，支付方式越容易使用，商家和消费者的接受度越高。

Cervers(2002)，Chen 和 Adams(2004)认为安全性对于移动支付来说是一个很大的问题。Brown(2003)在一项对南非消费者手机银行业务的影响因素的实证研究表明：感知安全性与是否使用手机银行存在显著正相关关系。Linck. K(2006)对荷兰移动金融的研究报告中也显示，系统的感知安全是促进移动金融扩散的重要因素。Schierz(2009)认为感知的安全性对顾客接受移动支付服务的意向具有显著的正向影响。Dong-Hee(2009)利用整合型技术接受理论对消费者手机钱包的使用意愿影响因素进行研究,研究结果显示:感知安全是影响消费者使用意愿的重要影响因素。

Paul(2009)在对消费者移动支付使用意愿影响因素的研究中发现,兼容性对消费者使用意愿影响很大。这是一个很重要的发现,因为移动支付可以被看作是电子支付的一种特殊的形式。许多研究都概念化强调移动的驱动是作为移动支付区别于其他支付方式的主要特征。

Venkatesh(2003)认为移动支付的易用性是指用户认为移动支付在多大程度上为自己使用该信息技术提供了便利;Venkatesh(2003)认为年老用户(相对于年轻用户)对能否得到他们在工作上的帮助更为看重;他还认为用户所在乎的人(如周围的朋友、同事等)在多大程度上会赞同或支持他们使用移动支付技术,这对用户使用移动支付技术产生相当大的影响,同时市场认知对移动支付使用意愿的作用还会受到年龄、性别、经验、自愿使用等控制变量的影响。Kleijnen(2003)对无线金融使用行为的研究也表明正向的社会影响能促进无线金融的使用。

Poutsttchi(2003)认为从整体情况来看,影响用户接受移动支付业务的主要因素为成本、安全性和便捷性,影响用户使用该业务的主要因素为效率、效果、情感和灵活性。

信任是"基于对另一方将完成一项对己方重要的特定行动的期望,己方愿意接受对方行动可能导致的伤害,而不考虑己方是否有能力监督控制另一方",这个定义的关键是信任者使自己处于易受伤害的地位,信任关系的结果是某种重要的东西有失去的潜在危险。Grabner-Krauter 和 Kaluscha(2003)考虑到在使用移动支付过程中,消费者与商家间由于信息不对称,导致的不信任,使得二者间存在一个无形的鸿沟。Gefen(2003)的研究也发现,消费者对商家的信任显著影响了消费者使用意愿及行为。

消费者通常会将使用移动支付将要投入的成本与其他支付方式所需的成本进行对比,再决定是否使用移动支付业务。消费者使用移动支付进行支付相比于传统的支付方式,可能会增加一些额外的成本,例如:移动终端费用、通信费用以及交易费用。Zmijewska. A, Lawrence. E, Steele. R(2004)认为移动支付能减少消费者支付成本(时间和空间成本);Wu 和 Wang(2005)研究表明,移动支付的交易成本通常被包含在商品的价格里,比如用手机在自动售货机购买饮料要比直接用现金购买价格更高。这也一定程度上影响了消费者移动支付的使用意愿及行为。Kim(2007)研究发现,移动支付是否收取功能费也是消费者使用意愿显著的影响因素。同时服务成本也是消费者决定是否使用无线金融服务的关键影响因素。

Siau(2004)认为,易用性是指一项创新容易理解和使用。在移动支付中,易用性和容易使用等问题都正面影响着用户的接受采纳程度。移动支付由于在小额消费中减少了零钱的使用,方便了用户,提高了使用率。相对的,复杂性且难用则反向影响用户的接受采纳程度。由于手机终端的限制,限制了移动支付业务的使用。典型的限制包括:移动终端显示屏小、键盘小、有限的交易速度和存储空间、电池不耐用、内存有限、服务的导航功能不佳等。他也认为消费者的信任也正面影响消费者对移动支付的满意度和忠诚度。

Lin,Wang(2005)研究表明消费者非常关注移动支付对于个人隐私的保护程度。在他的调查报告中显示,26%的被调查者因为考虑到个人隐私可能被泄露而放弃使用移动支付业务。他认为隐私性影响消费者使用意愿及行为。

Carlsson(2006)认为:在移动支付领域,相对优势主要体现在移动技术和服务在时间和空间上的独立性。移动支付为消费者提供无处不在的、零现钞的支付环境。用户无需使用 ATM 机、售票机或停车卡等就能实现买票或停车。因此,对比传统支付手段,移动支付的优势体现在时间和空间的独立性,这种相对优势正向影响用户的使用意愿及行为。

Mallat(2007)定性探索了顾客移动支付系统接受行为,总结了消费者接受移动支付和电子支付系统的影响因素有相对优势、相容性、费用、网络外部性、感知安全和信任、使用情境。对移动支付服务提供商和运营商的信任能够降低顾客系统安全性。Thanasanlit(2008)认为移动支付接受意向是动态的,随情境因素变化,如缺少其他支付方式、支付的紧迫性、未预测的需求。

二、国内相关研究

全冬梅(2005)从认知有用性、认知易用性、消费者创新性、个人认知以及感知风险的角度,对消费者在线支付的接受程度进行研究。研究结果显示:认知有用性和感知风险是消费者在线支付使用意愿的重要影响因素,认知易用性影响、消费者创新性、个人认知则影响不大。

冯萍(2005)采用计划行为理论对消费者在线支付使用意愿影响因素进行研究。研究结果显示:对在线支付的态度和认知行为控制是消费者在线支付使用意愿的重要影响因素,但主观规范对使用意愿没有直接影响。

邵兵家、史毅飞(2006)通过对在线支付企业用户调查研究显示:认知有用性、认知易用性、对系统的信任、企业的组织准备情况和法律支持影响了企业采用在线支付。邵兵家、杨霖华(2006)在科技接受模型的基础上,引入了系统安全性、对电子渠道的信任、结构保证及计算机自我效能四个因子,揭示了电子渠道的信任、结构保证、计算机自我效能及认知有用性等对个人在线支付的使用意愿均有显著影响。

易凌志(2006)调查在校大学生对在线支付满意度,采用问卷调查的方法,选择 11 个指标,通过对 11 个指标进行巴特利特球性检验和 KMO 测度,对这 11 个指标作因子分析。实证分析表明发展在线支付的先决条件是具备安全、可靠的系统,其次是为消费者提供地附加值和服务受限条件,同时在线支付的普及程度也具有一定的影响。

许巍瀚(2003)在他对移动支付使用意愿影响因素的研究中提出了普遍的市场认知概念,他认为,移动支付要能得到广泛的使用和推广,前提是要在市场上建立起大多数用户对移动支付的认知,让大多数用户,尤其是潜在用户对移动支付了解得更多。

吴丽(2004)认为消费者对移动支付的认知易用性是影响消费者使用意愿的一个因素。另外,她还认为,地域差异性也会影响消费者的使用意愿,越大城市的消费者越容易接受和使用移动支付业务,因此她建议移动支付应该首先从大城市开始推广,比如北京、上海、广州等。因为,大城市相对而言人口更为密集,民众的支付能力也较强,他们对新鲜事物的接受也会更快些。另外,在大城市开展移动支付的广告投放会比中小城市更有效率。

马涛(2005)认为,消费者能否接受和习惯移动支付的支付方式是移动支付推广中最为关键的原因。因为,消费者已经习惯了传统的现金支付或者信用卡支付方式。那么,他们对移动支付这一新的支付方式则需要重新去认识和接受,这需要一个较长时间的过程。要解决这个问题,就必须提高消费者对移动支付业务的认知和理解。

施华康(2006)在一项针对移动支付,尤其是远程移动支付的调研报告中显示:操作简单的移动支付系统能显著提高消费者对移动支付的使用意愿,消费者创新性与移动支付使用意愿及行为之间存在正相关关系,对移动支付的了解越多就越有可能使用移动支付业务,社会影响(主观规范)对移动支付使用意愿存在显著正向影响;陈华平(2007)在他的研究中也表明:社会影响(主观规范)对移动支付消费者使用意愿存在显著正向影响。

曹媛媛(2008)基于吉尔特·霍夫斯塔德(Geert. Hofstede)教授的"文化差异的维度"对中国文化如何影响消费者移动支付使用意愿及行为进行研究,研究结果表明:社会影响及努力期望会受到中国文化下的高权利距离的正向影响,将有利于消费者快速接受移动支付;消费者对风险的认知受到中国文化的低不确定的负向影响,中国消费者在好奇与风险下,会更倾向于好奇,所以也有利于消费者接受移动支付业务;在她另一篇文献中显示移动支付使用成本等因素对使用意愿有着显著的影响。安娜(2010)证明了消费者对移动支付的使用意愿会受到使用情景、移动性、系统安全性等要素的影响。

许巍瀚(2003)认为系统安全性是影响消费者使用意愿的重要影响因素。在他的研究中,对移动支付的系统安全性做出了明确定义:移动支付的系统安全性主要包括私密性、数据完整一致性、身份认证以及交易不可否认性。

(1)私密性:要确保用户在交易时避免交易过程被窃听。所以不仅要求交易的信息必须保持完整,还必须能够保持私密。也就是说,消费者进行移动支付交易时,必须保证不会有人窃取网络上的数据,而造成消费者的损失。

(2)数据完整一致性:要确保交易数据不会被不法人员恶意窜改。比如,消费者的交易数据在到达接收端之前被窜改或者被取代。在交易过程中,交易额度或商家的身份有可能也被人修改。

(3)身份认证:可以避免身份被冒用。通过身份认证方式,可以帮助接收端确定信息的来源,换句话说,就是确定传送端的身份。

(4)不可否认性:一旦交易成功,交易双方无论什么时候都不能否认所做过的交易行为。

马涛(2005)认为,安全性在个人移动支付中起着极其重要的作用。另外,在他的研究中还显示,用户对移动支付的使用情境也直接与用户对移动支付的需求强烈程度相关,进而也将影响到用户对移动支付使用意愿。

陈华平和唐军(2006)认为用户的系统安全性、社会影响和认知有用对移动支付使用意愿有显著的积极影响;认知有用和成本对移动支付使用意愿没有显著的积极影响,便利条件对移动支付使用行为没有显著影响。关于安全认知对移动支付使用意愿有显著积极影响这一与常理不符的结果,他们认为原因尚不明确。另外,他们还将国外学者的问卷修正成适合中国情境的问卷,对数据进行统计分析表明该问卷具有较高的信度和效度。

石增玖(2008)做过一份针对移动支付市场的调研。调研显示:方便快捷是消费者选择移动支付最为看重的因素,此外系统安全性也是消费者重点考虑的因素。

唐芙蓉(2008)认为系统安全性是移动支付使用意向的主要影响因素之

一,消费者系统安全性越大,其使用意向就越大;她还认为交易成本、网络外部性也是影响用户使用移动支付的主要原因。

第二节　构建移动支付体系结构模型

专家学者对移动支付的研究领域较广,但对移动支付发展的影响因素及系统的影响体系的相关研究较少,并且没有形成一个完整的体系:一是多以法律制度、风险防范及其商业模式层面的研究为主,而对移动支付发展的系统认识有待深入;二是对影响移动支付发展因素的构成以及各元素之间关系的分析不够完整。通过对移动支付的发展以及影响因素的研究进行回顾概述,更进一步加深对移动支付的研究认识,也为指标的选取提供理论支撑。本节运用静态分析法建立"移动支付体系结构模型",基于该模型对影响移动支付发展的各因素进行整理和系统分析,并提出推进我国移动支付发展的建议。

解释结构模型(Interpretative Structural Modeling,ISM)是 1973 年美国 J. N. Warfield 教授为分析复杂社会经济系统的结构问题,把复杂的系统分解成若干元素,从各元素之间的二元关系出发,将复杂且模糊的变量关系构建出清晰明了的多级递阶的结构模型所开发的一种技术。本书选择解释结构模型法建模的原因有两点:一是解释结构模型是用直观且便于理解的有向图来表达各因素之间的关系;二是解释结构模型可以借助计算机把繁多复杂的要素和模糊不清的思想、看法转化为直观且具有良好结构的模型。

一、指标选取

随着支付领域的创新以及业务的兴起,对互联网移动支付的研究日益增多。谢琳、卢建军(2003)较早对移动支付的运作原理以及运作流程进行了研究说明,并认为移动支付平台是独立于商业银行体系之外的一种机构。Kim(2005)以 eBay 公司移动支付服务为例,认为网上交易的成长是由众多移动支付企业共同参与所实现的。李雁(2013)认为与电商企业、传统行业集团、互联网巨头、电信运营商等相互呼应的移动支付机构才能完成支付行业总体布局。马梅、朱晓明等(2014)对互联网作用下中国企业竞争、市场以及政府管理规则的变化特点做出剖析,揭示了移动支付的创新发展对传统金融生产与服务方式带来的冲击。Rysma 和 Schuh(2016)认为移动支付、快速支付和电子货币已经成为互联网金融时代支付领域的三大创新,而且还认为传统银行的业务模式将会被以第三方互联网支付和电子货币为代表的新型支付结构冲击。移动支付的发展冲击了各行各业的创新驱动。在K. Linck等对移动支付的分类研究中,认为安全因素,即对消费者信息的保密和加密是最关键的。

对于移动支付监管问题,研究学者认为相关机构监管和干预不平衡引发行业内竞争,致使社会利益与消费者利益受损。对非银行机构提供支付服务的监管信息不对称、不同政策之间相互冲突等问题,监管部门通过制定标准政策、明确法律责任及信息披露等方式加强移动支付的风险控制力。移动支付作为商业银行体系之外的一种机构,"一刀切"的传统监管模式不再适用于支付行业的发展,杨翾、彭迪云(2015)对互联网移动支付发展研究中也表明政府监管趋严导致移动支付交易规模增速放缓。而通过公共机构监督支付行业自律是维持移动支付发展的有效途径,依靠市场这只"无形的手"比政府采用的强制性监管措施更加有效。封思贤、包丽红(2016)通过静态与动态的演化博弈模型,得出监管移动支付机构发展的最理想状态是"合规,监管"策略,通过降低监管成本、提高违约罚款、提升合规机构的正面评价以及加大监管不力造成的荣誉损失等措施使其更接近于理想状态,而合理完善的监管模式是移动支付机构稳定发展的基石。

学者也从不同角度对移动支付的影响因素进行了研究。王培、陈颖波等(2008)就从有利因素和不利因素两个角度对影响移动支付的发展的因素进行了研究。孙卫(2007)从性格、性别、生活费等方面来研究影响大学生群体接受移动支付的因素。马桂琴(2011)从信息安全方面对移动支付进行研究,认为移动支付不应该将技术作为唯一的标准来衡量信息安全保障工作,应该从法律、道德、企业管理等多方面进行安全体系建设。吴晓光、陈捷(2011)从移动支付机构的内部建设出发,强调移动支付行业市场细分的重要性和必要性。马梅、朱晓明等(2014)从历史规律、技术创新和商业模式的角度分析了中国移动支付行业的未来发展趋势与展望。皇甫静(2011)、张勇(2012)认为信用是互联网移动支付与消费者之间的一种互动反馈关系,一方面移动支付的诚信状况能够促进消费者进行网购的欲望,另一方面消费者的信用状况能够促进移动支付平台更好地服务与发展。章晶(2017)也从法律定位、社会信用体系等方面对中国、美国与中国台湾移动支付平台三者发展状况存在差异的原因进行了研究。方兴、郭子睿(2017)验证了货币流通速度对移动支付发展的正相关影响。

当下我国移动互联网支付市场的支付原理、用户习惯、普及率以及业务规模等因素已经对我国的货币流通速度产生了影响,李淑锦和张小龙(2015)认为这给中国货币流通速度的稳定性带来了冲击,也增加了货币政策调控的难度。移动互联网支付具有技术密集特征,服务于经济交换、承担着电子货币的职能。与移动互联网支付相对应的是电子货币,谢平和刘海二(2013)通过研究表明,电子货币通过对传统货币的替代效应改变了金融市场的货币流通速度,电子货币和移动支付的发展会对货币供给以及货币需求带来冲击,从而影响央行的货币控制。

本书对文献进行了研读梳理,如果有两个及两个以上的学者认为某个因素确实对移动支付的发展起作用,就将其纳入初步的影响因素集合中,见表3-1。通过征询15名相关领域人员以及高校研究人员的意见,对指标内容进行筛选,最终选出17个要素,分别用 $S_1 \sim S_{17}$ 表示各要素,见表3-2。

表3-1　移动支付发展体系要素及来源的初始集合

序号	要素	来源
1	市场规模	吴晓光、陈捷(2011);李雁(2013);杨翮、彭迪云(2015)
2	货币流通速度	李淑锦、张小龙(2015);方兴、郭子睿(2017);刘达(2017)
3	银行竞合	王晓毛、邓宁昊(2010);宋天翼(2011)
4	技术创新	马梅(2014);杨翮、彭迪云(2015);何洋洋(2016)
5	同质竞争	吴晓光、陈捷(2011);马梅(2014);杨翮、彭迪云(2015);
6	内部管理	吴晓光、陈捷(2011);谭超、赵丽霞(2016)
7	业务范围	李雁(2013);何虹、王胜武(2015)
8	商家	Sofomon Antony(2006);李雁(2013)
9	沉淀资金	张春燕(2011);杨宏芹、张岑(2012);孟晶晶(2013)
10	服务品质	张宽海(2010);Ma Z,Dong X et al(2016)
11	网络普及	李雁(2013);李婧(2017)
12	盈利模式	吴晓光、陈捷(2011);王菁菁(2017)
13	信息安全	马桂琴(2011);张宽海(2011)
14	法律监管	蒋先玲、徐晓兰(2014);封思贤、包丽红(2016);章晶(2017)
15	互联网金融	李雁(2013);杨翮、彭迪云(2015)
16	消费习惯	杨翮、彭迪云(2015);
17	用户特征	孙卫(2007);杨翮、彭迪云(2015)
18	信用机制	皇甫静(2011);张勇(2012)
19	用户需求	杨翮、彭迪云(2015);李淑锦、张小龙(2015)

表 3-2　移动支付发展体系要素及代码

要素	代码	要素	代码
市场规模	S_1	网络普及	S_{10}
货币流通速度	S_2	盈利模式	S_{11}
银行竞合	S_3	信息安全	S_{12}
技术创新	S_4	法律监管	S_{13}
同质竞争	S_5	消费习惯	S_{14}
内部管理	S_6	用户特征	S_{15}
业务范围	S_7	信用机制	S_{16}
沉淀资金	S_8	用户需求	S_{17}
服务品质	S_9		

二、模型构建

首先,建立邻接矩阵(A)。用二元关系图表示移动支付两两影响要素之间的逻辑关系,其中,V 表示 S_j 对 S_i 有影响,S_i 对 S_j 没有影响;A 表示 S_i 对 S_j 有影响,S_j 对 S_i 没有影响;X 表示 S_i 和 S_j 相互影响,即形成回路(称之为强连接关系);O 表示 S_i 和 S_j 均无关系。通过专家学者的意见反馈以及影响移动支付发展的相关研究,根据要素 $S_i,S_j(i,j=1,2,\cdots,17)$ 的关系建立上三角二元关系阵,写出邻接矩阵 $A_{17\times17}$,即 $A=(a_{ij})_{17\times17}$,当 $a_{ij}=1$ 时,S_i 对 S_j 有某种二元关系;$a_{ij}=0$ 时,S_i 对 S_j 没有某种二元关系。所得相邻矩阵(A),如图 3-1 所示。

其次,计算可达矩阵(B)。可达矩阵就是表示系统要素之间任意次传递性二元关系或有向图上两个节点之间通过任意长的路径可以到达情况的矩阵。即若要素 S_i 和 S_j 间存在着某种传递性二元关系,称 S_i 是可以到达 S_j 的,或者说 S_j 是 S_i 可以到达的。运用 MATLAB,通过将相邻矩阵加上单位矩阵(E),在经过 6 次运算后得到可达矩阵 $B=(b_{ij})_{17\times17}$,如图 3-2 所示。通过可达矩阵能够清晰地看出影响移动支付发展的各相关因素之间(直接或间接)的关系,且可达矩阵符合推移特性:

$$A_1 \neq A_2 \neq \cdots \neq A_{r-1} = A_r,r \leqslant n-1 \tag{3-1}$$

其中,n 表示矩阵的阶数,$A_{r-1}=(A+E)^{r-1}=B$。

$$
A = \begin{array}{c} \\ S_1 \\ S_2 \\ S_3 \\ S_4 \\ S_5 \\ S_6 \\ S_7 \\ S_8 \\ S_9 \\ S_{10} \\ S_{11} \\ S_{12} \\ S_{13} \\ S_{14} \\ S_{15} \\ S_{16} \\ S_{17} \end{array}
\begin{matrix} S_1 & S_2 & S_3 & S_4 & S_5 & S_6 & S_7 & S_8 & S_9 & S_{10} & S_{11} & S_{12} & S_{13} & S_{14} & S_{15} & S_{16} & S_{17} \\
\left[\begin{matrix}
0 & 0 & 0 & 0 & 0 & 0 & 0 & 0 & 0 & 0 & 0 & 0 & 0 & 0 & 0 & 0 & 0 \\
1 & 0 & 0 & 0 & 0 & 0 & 0 & 0 & 0 & 0 & 0 & 0 & 0 & 0 & 0 & 0 & 0 \\
0 & 0 & 0 & 1 & 0 & 0 & 0 & 0 & 0 & 1 & 0 & 0 & 0 & 0 & 0 & 0 & 0 \\
0 & 0 & 0 & 0 & 0 & 0 & 0 & 0 & 0 & 1 & 0 & 0 & 0 & 0 & 0 & 0 & 0 \\
0 & 0 & 0 & 1 & 0 & 0 & 1 & 0 & 1 & 0 & 0 & 0 & 0 & 0 & 0 & 0 & 0 \\
0 & 0 & 0 & 0 & 0 & 0 & 1 & 0 & 0 & 0 & 1 & 0 & 0 & 0 & 0 & 1 & 0 \\
0 & 0 & 0 & 0 & 0 & 0 & 0 & 0 & 0 & 0 & 0 & 0 & 0 & 0 & 0 & 0 & 0 \\
0 & 1 & 0 & 0 & 0 & 0 & 0 & 0 & 0 & 0 & 0 & 0 & 0 & 0 & 0 & 0 & 0 \\
0 & 0 & 0 & 0 & 0 & 1 & 0 & 0 & 0 & 0 & 0 & 0 & 0 & 0 & 0 & 0 & 1 \\
1 & 0 & 0 & 0 & 0 & 0 & 0 & 0 & 0 & 0 & 0 & 0 & 0 & 0 & 0 & 0 & 0 \\
0 & 0 & 0 & 1 & 0 & 0 & 0 & 0 & 0 & 0 & 0 & 0 & 0 & 0 & 0 & 0 & 0 \\
0 & 0 & 0 & 0 & 0 & 0 & 0 & 0 & 0 & 0 & 0 & 0 & 0 & 1 & 0 & 0 & 0 \\
0 & 0 & 1 & 0 & 1 & 0 & 0 & 0 & 0 & 0 & 0 & 1 & 0 & 0 & 0 & 0 & 0 \\
0 & 0 & 0 & 0 & 0 & 0 & 0 & 0 & 0 & 0 & 0 & 0 & 0 & 0 & 0 & 0 & 0 \\
0 & 0 & 0 & 0 & 0 & 0 & 0 & 0 & 0 & 0 & 0 & 0 & 0 & 1 & 0 & 0 & 0 \\
0 & 0 & 1 & 0 & 0 & 0 & 0 & 0 & 0 & 0 & 0 & 0 & 0 & 1 & 0 & 0 & 0 \\
0 & 0 & 0 & 0 & 1 & 0 & 1 & 0 & 0 & 0 & 0 & 0 & 0 & 0 & 0 & 0 & 0
\end{matrix}\right]
\end{matrix}
$$

图 3-1　移动支付发展影响因素的相邻矩阵

$$
B = \begin{array}{c} \\ S_1 \\ S_2 \\ S_3 \\ S_4 \\ S_5 \\ S_6 \\ S_7 \\ S_8 \\ S_9 \\ S_{10} \\ S_{11} \\ S_{12} \\ S_{13} \\ S_{14} \\ S_{15} \\ S_{16} \\ S_{17} \end{array}
\begin{matrix} S_1 & S_2 & S_3 & S_4 & S_5 & S_6 & S_7 & S_8 & S_9 & S_{10} & S_{11} & S_{12} & S_{13} & S_{14} & S_{15} & S_{16} & S_{17} \\
\left[\begin{matrix}
1 & 0 & 0 & 0 & 0 & 0 & 0 & 0 & 0 & 0 & 0 & 0 & 0 & 0 & 0 & 0 & 0 \\
1 & 1 & 0 & 0 & 0 & 0 & 0 & 0 & 0 & 0 & 0 & 0 & 0 & 0 & 0 & 0 & 0 \\
0 & 0 & 1 & 1 & 0 & 0 & 0 & 0 & 0 & 1 & 0 & 0 & 0 & 0 & 0 & 0 & 0 \\
0 & 0 & 0 & 1 & 0 & 0 & 0 & 0 & 0 & 1 & 0 & 0 & 0 & 0 & 0 & 0 & 0 \\
0 & 0 & 0 & 1 & 1 & 0 & 1 & 0 & 1 & 0 & 0 & 0 & 0 & 0 & 0 & 0 & 1 \\
1 & 1 & 0 & 1 & 1 & 1 & 1 & 1 & 1 & 0 & 1 & 1 & 0 & 1 & 0 & 1 & 1 \\
0 & 0 & 0 & 0 & 0 & 0 & 1 & 0 & 0 & 0 & 0 & 0 & 0 & 0 & 0 & 0 & 0 \\
1 & 1 & 0 & 0 & 0 & 0 & 0 & 1 & 0 & 0 & 0 & 0 & 0 & 0 & 0 & 0 & 0 \\
0 & 0 & 0 & 1 & 1 & 0 & 1 & 0 & 1 & 0 & 1 & 0 & 0 & 0 & 0 & 0 & 1 \\
1 & 0 & 0 & 0 & 0 & 0 & 0 & 0 & 0 & 1 & 0 & 0 & 0 & 0 & 0 & 0 & 0 \\
0 & 0 & 0 & 1 & 0 & 0 & 0 & 0 & 0 & 0 & 1 & 0 & 0 & 0 & 0 & 0 & 0 \\
0 & 0 & 0 & 1 & 1 & 0 & 1 & 0 & 1 & 0 & 1 & 1 & 0 & 1 & 0 & 0 & 1 \\
0 & 0 & 1 & 1 & 1 & 0 & 1 & 0 & 1 & 0 & 1 & 1 & 1 & 1 & 0 & 0 & 1 \\
0 & 0 & 0 & 1 & 1 & 0 & 1 & 0 & 1 & 0 & 1 & 0 & 0 & 1 & 0 & 0 & 1 \\
0 & 0 & 0 & 1 & 1 & 0 & 1 & 0 & 1 & 0 & 1 & 0 & 0 & 1 & 1 & 0 & 1 \\
0 & 0 & 1 & 1 & 1 & 0 & 1 & 0 & 1 & 0 & 1 & 0 & 0 & 1 & 0 & 1 & 1 \\
0 & 0 & 0 & 1 & 1 & 0 & 1 & 0 & 1 & 0 & 1 & 0 & 0 & 0 & 0 & 0 & 1
\end{matrix}\right]
\end{matrix}
$$

图 3-2　移动支付发展影响因素的可达矩阵

根据上述公式,通过 MATLAB 计算得到:

$$A_1 \neq A_2 \neq \cdots \neq A_5 = A_6 = B \tag{3-2}$$

然后,进行层级划分。通过 MATLAB 的运行得出各因素的先行集合、可达集合、共同集合和起始集合,并得出各因素之间的影响或被影响的关系,通过对先行集、可达集、共同集和起始集的整理可以明确各要素之间的关系及其连通性。依据表 3-3,如果 S_i 满足条件 $B(S_i) \bigcap A(S_i) = B(S_i)$,则该元素被确定为上位等级的要素,得出上位等级要素后,将其从表中删去,再用同样方法求得下一级的各要素,以此类推,可把各因素按等级划分,并由此为依据对其影响因素的可达矩阵进行重新排列,可得可达矩阵的重新排列矩阵 B'(如图 3-3 所示)。

表 3-3　各个因素的影响关系和被影响关系

S_i	$B(S_i)$可达集合	$A(S_i)$先行集合	$C(S_i)$ 共同集合	$R(S_i)$ 起始集合
S_1	S_1	$S_1, S_2, S_6, S_8, S_{10}$	S_1	
S_2	S_1, S_2	S_2, S_6, S_8	S_2	
S_3	S_3, S_4, S_{11}	S_3, S_{13}, S_{16}	S_3	
S_4	S_4, S_{11}	$S_3, S_4, S_5, S_6, S_9, S_{11},$ $S_{12}, S_{13}, S_{14}, S_{15}, S_{16}, S_{17}$	S_4, S_{11}	
S_5	$S_4, S_5, S_7, S_9, S_{11}, S_{17}$	$S_5, S_6, S_9, S_{12}, S_{13}, S_{14},$ S_{15}, S_{16}, S_{17}	S_5, S_9, S_{17}	
S_6	$S_1, S_2, S_4, S_5, S_6, S_7, S_8,$ $S_9, S_{11}, S_{12}, S_{14}, S_{17}$	S_6	S_6	S_6
S_7	S_7	$S_5, S_6, S_7, S_9, S_{12}, S_{13},$ $S_{14}, S_{15}, S_{16}, S_{17}$	S_7	
S_8	S_1, S_2, S_8	S_6, S_8	S_8	
S_9	$S_4, S_5, S_7, S_9, S_{11} S_{17}$	$S_5, S_6, S_9, S_{12}, S_{13}, S_{14},$ S_{15}, S_{16}, S_{17}	S_5, S_9, S_{17}	
S_{10}	S_1, S_{10}	S_{10}	S_{10}	S_{10}
S_{11}	S_4, S_{11}	$S_3, S_4, S_5, S_6, S_9, S_{11},$ $S_{12}, S_{13}, S_{14}, S_{15}, S_{16}, S_{17}$	S_4, S_{11}	

续表

S_i	$B(S_i)$可达集合	$A(S_i)$先行集合	$C(S_i)$ 共同集合	$R(S_i)$ 起始集合
S_{12}	S_4, S_5, S_7, S_9, S_{11}, S_{12}, S_{14}, S_{17}	S_6, S_{12}, S_{13}	S_{12}	
S_{13}	S_3, S_4, S_5, S_7, S_9, S_{11}, S_{12}, S_{13}, S_{14}, S_{17}	S_{13}	S_{13}	S_{13}
S_{14}	S_4, S_5, S_7, S_9, S_{11}, S_{14}, S_{17}	S_6, S_{12}, S_{13}, S_{14}, S_{15}, S_{16}	S_{14}	
S_{15}	S_4, S_5, S_7, S_9, S_{11}, S_{14}, S_{15}, S_{17}	S_{15}	S_{15}	S_{15}
S_{16}	S_3, S_4, S_5, S_7, S_9, S_{11}, S_{14}, S_{16}	S_6, S_{16}	S_{16}	
S_{17}	S_4, S_5, S_7, S_9, S_{11}, S_{17}	S_5, S_6, S_9, S_{12}, S_{13}, S_{14}, S_{15}, S_{16}, S_{17}	S_5, S_9, S_{17}	

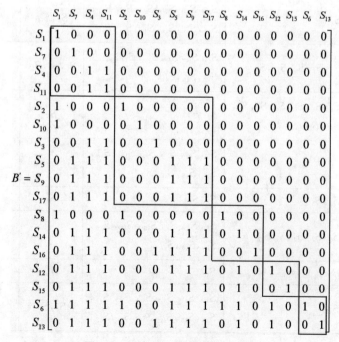

图3-3 可达矩阵的重新排列矩阵

最底层元素 $T = \{S_6, S_{10}, S_{13}, S_{15}\}$，根据 $B(S_i) \bigcap B(S_j) \neq \varnothing$ 计算可知：S_6, S_{13}, S_{15} 属于同一个连通域（如果要素的可达集合的交集不为空集，则要素属于同一连通域，反之不属于同一连通域），S_{10} 与 S_{13}, S_{15} 不属于同一连通域。根据图 3-3 可达矩阵的重新排列矩阵 B'，经过层级划分，将系统中的所有要素以可达矩阵为准则划分为不同层次，所划分的层级汇总见表 3-4。

表 3-4 影响因素层级汇总

层级	节点
L_1	S_1, S_7, S_4, S_{11}
L_2	$S_2, S_{10}, S_3, S_5, S_9, S_{17}$
L_3	S_8, S_{14}, S_{16}
L_4	S_{12}, S_{15}
L_5	S_6, S_{13}

根据移动支付系统分级递阶结构模型构建影响移动支付发展因素的多级递阶结构图，如图 3-4 所示。

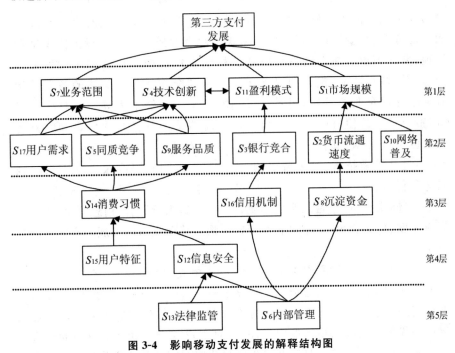

图 3-4 影响移动支付发展的解释结构图

第三节　移动支付影响因素的层级关系分析

根据图 3-4 可知,移动支付影响因素系统是一个复杂的关系网,由表及里包括表层因素、中间层因素和深层因素,以下对各层级关系进行分析。

(1)移动支付的市场规模、业务范围、技术创新能力及盈利模式是保证移动支付发展的直接因素。

市场规模是市场需求的测量目标。作为新兴金融服务产业,移动支付已经成为我国支付市场的重要组成部分。移动支付企业的市场规模与细分顺应行业专业化革新发展趋势。准确把握市场发展形势,精准提供业内支付产品,是移动支付机构持续发展的重要原因之一。

移动支付企业在扩大其市场规模时,业务范围的精准广泛是支付平台吸收用户的基础。然而复杂多样的业务模式存在某些风险,如系统风险、资金风险、洗钱风险等。因此其业务范围把控不精准,对移动支付的发展有很深的影响。

创新是一个行业持久生存的第一动力。从模型分析可知第三支付平台的技术创新能力能够优化其盈利模式,反过来盈利模式的优化升级也能够促进企业的持续创新。盈利模式是对企业经营要素进行价值识别和管理,并找到盈利机会的系统方法。移动支付机构是互联网金融发展中产业链的核心环节,银行和移动运营商是其合作伙伴。灵活的盈利结构有利于支付企业的发展,同时也影响着整个产业链的发展。一旦发生风险,整个产业价值链就会陷入瘫痪。目前消费市场已被支付宝和财富通两大巨头所占据,其他支付平台承受着生存空间的挤压,在夹缝中求生存,通过开发新技术、挖掘新市场、优化业务范围和提高服务水平来增强其竞争优势。

(2)同质竞争、平台的服务品质、用户需求、银行竞合、信息安全、货币的流通速度、沉淀资金、信用机制及消费习惯对移动支付的发展具有间接影响作用。

同质竞争、用户需求及服务品质相辅相成、相互影响,如图 3-5 所示。目前行业内支付业务门槛低且差异化不明显,同行业间的竞争加剧,支付行业之间的竞争刺激其服务品质的提升,优质且个性化的服务能够使企业获得竞争优势以及吸引更多的用户需求,对用户需求及其消费习惯的调查能让企业明确认知自身不足和及时创新优化服务。此外用户的需求也能反向激发支付行业间的竞争。三者的相互作用能促进支付企业的技术创新能力以及业务范围的精准发展。

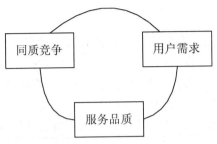

图 3-5　同质竞争、服务品质和用户需求

　　移动支付企业将客户交易时间差产生的沉淀资金安全流动保证了货币流通，如果对沉淀资金缺乏有效的管理，导致资金链断裂，不仅会引发支付困难阻碍货币流通，还可能导致经济危机的爆发，沉淀资金的安全与稳定投资对货币的顺畅流通有积极作用。信息安全问题是维护移动支付用户权益的重要问题，防止不良商家泄露用户信息，完善支付安全系统，保障用户沉淀资金的安全，才能留住更多用户。因此，是否对沉淀资金与信息安全进行有效管理是影响移动支付企业发展的间接因素。

　　（3）法律监管、内部管理、网络普及和用户特征是影响移动支付发展的制度层因素。从结构模型来看，它们通过中间层传导机制影响移动支付的发展。

　　法律监管是维持移动支付市场平稳健康发展的保障，严格的法律监管制度可防止移动支付企业对沉淀资金的不良占用而损害用户与商家的利益以及用户不正当套利洗钱行为。支付企业的内部管理调控是加强其发展的最根本方法，具体表现为人员配备调整、增强研发创新、开发新的业务等，就目前的发展来看，在用户都认可移动支付方式时，平台之间的竞争优势需从平台内部进行优化升级。

　　用户特征如消费者的年龄、性别、教育程度等的不同决定了他们消费理念的不同以及对信息隐私安全的要求不同，使得消费者对移动支付平台的业务范围以及对服务品质的追求不同，间接影响了移动支付的发展。互联网环境存在的开放性、复杂性从某种程度上质疑了移动支付企业提供的安全保障及简单方便的特性，虚拟的交易环境使消费者在网上支付交易时面临很多的不确定因素和很高的风险，故而网络的普及与安全直接影响了市场交易规模。

第四节　小　　结

移动支付企业运用互联网信息快速传播的优势，依靠互联网金融的持续发展趋势，突破传统模式的局限性。移动支付体系发展的影响因素众多且作用机理复杂，本书构建解释结构模型分析影响移动支付发展的因素，以及各影响因素之间的相互关系。移动支付的市场规模、业务范围、技术创新能力及盈利模式是保证移动支付发展的直接因素；同质竞争、平台的服务品质、用户需求、银行竞合、信息安全、货币的流通速度、沉淀资金、信用机制及消费习惯对移动支付的发展具有间接影响作用；法律监管、内部管理、网络普及和用户特征是影响移动支付发展的制度层因素。

根据本章结论，针对移动支付的发展现状，提出以下几点对策建议。

（1）创新支付模式实现支付工具向产业转型。打造"支付＋大数据""支付＋金融服务"等业务体系，建立多元化的行业支付体系。在移动支付产业中，竞争现象更为激烈，片面的以价格战的方式所实施的圈地行为只能使产业的发展空间更为狭窄。移动支付企业要认清这种局势，以差异化的支付模式来促进产业创新，加强多元化的支付体系，迎合市场需求，进而促进整个产业的稳定发展。首先，在业务范畴中，移动支付企业要努力向外拓展，不仅要立足于C2C模式的业务，同时对于部分新兴行业也要采取积极的态度来进行渗透，如B2B、B2C、P2P等。这些业务的发展会使移动支付服务迅速扩张，2006年6月，第三方支付平台汇付天下成立，在业务定位方面率先就打入了航空票务领域，积极开展B2C业务，并且随着在此领域的不断深耕，逐渐形成了自身所具有的特殊优势，其市场地位也逐年攀升。汇付天下的做法展示出电子支付平台的多元化与差异化，必须要深耕细分化市场，使其电子支付能够在各个传统领域中展现作用，将其服务的性质体现出来，才能够获得更好的发展。其次，后牌照时代的来临也为企业发展创造了有利条件，很多电子支付平台由于没有运营牌照，导致其并不具有作为移动电子支付服务的准入许可，而这也帮助拥有牌照的企业获得了更好的发展契机。此外，移动支付服务可以延伸的领域非常广泛，如物流、保险、基金等，加强和完善对这些行业的服务是移动支付企业获得先机的重要因素，这种多元化的运营策略能够大幅提升移动支付企业在市场中的竞争力。

（2）深挖支付行业服务以及垂直行业领域的空间。在快节奏的生活方式下，人们越来越渴望高品质的生活，对服务的要求也越来越高，提供优质便捷的消费服务是实现移动支付行业稳定的微观基础。而传统产业随着电子商务的发展也发生了很大转变,这种转变不仅表现在经济增长方式上,更重要的是对传统产业的产业结构也造成了很大震动。传统产业供应链正在随着电子商务的发展面临严峻的挑战,产业链上下游之间的沟通性更强,这也为移动支付提供了重要的基础客户来源。移动支付服务能够为用户提供综合型的支付解决方案,缩短产业链上下游之间的距离,使企业的增值空间不断扩大。因此,如果说移动支付企业仅仅是一个支付结算的平台,显然不够全面,更重要的是要理清其在产业链上下游之间所扮演的角色,能够对产业链上下游之间的资源整合提供更加便捷的服务,使企业资金管理所消耗的精力有所减少,进而使资金流转速度能够得到提升,并以此来构建符合整个产业链发展的账务管理体系与资金管理机制。

(3)填补法律监管漏洞。遵循服务好实体经济、服从宏观调控和维护金融稳定的总体目标,切实保障消费者合法权益,维护公平竞争的市场秩序。防范金融风险,加强网络监管能够有效保障人们的资金安全。中国人民银行以及移动支付的监管部门亟待加强对移动支付市场的关注力度,着重化解第三方支付平台无照经营、支付系统存在安全隐患以及备付金管理混乱等潜在风险。功能监管和鼓励创新应当统筹兼顾,并切实维护移动支付市场中消费者的合法权益。在保证移动支付市场健康、可持续发展的同时还需要密切监控其对我国货币流通、货币需求以及货币供给的影响,尽快建立起一套完备的移动支付风险的法律监管预警机制。

移动支付业务处理规范至少包含以下三点内容:第一,明确移动支付服务组织的交易行为;第二,明确移动支付服务组织的经营行为,防范因移动支付组织擅自挪用客户在途结算资金而形成支付风险和信用风险;第三,明确移动支付服务,组织建立完善的信息强制披露制度。

(4)加强对滞留资金的监督。在移动支付环境下,需要采取措施,有效控制其用户资金的具体运用范围,以确保资金的安全。第一,对流动资金的管理,应依照证券交易保证金账户的方法来对银行用户实施专户存放的管理办法。第二,移动支付企业以及高风险投资等用途不能使用客户的滞留资金,必须对资金使用加以限制。第三,目前我国对用户资金的安全保证制度还极度匮乏,移动支付企业推出市场之后客户资金安全得不到保障,用户资金的安全保障必须加强,保证资金不被恶意窃取流失。有的用户利用移动支付来达到洗钱和信用卡套现的目的,对此种情况应该根据《关于办理妨害信用卡管理刑事案件具体应用法律若干问题的解释》以及《反洗钱法》等法律文件来依法办理。

(5)建立完善的市场准入机制。目前,在移动支付被大家所接受的同时,大大小小的移动支付平台也如雨后春笋般涌入支付市场,不管是站在监管的立场上进行分析,还是站在市场需求的立场上进行分析,均需要移动企业具备一定的水平。鉴于此,需要针对最低资本金、内部控制、风险管理、保险和安全技术等展开准入门槛的设计。当下,我国现有法律上还不包括风险管理以及内部控制体制的规定。在安全技术上,应该构建起系统的基础设施,为消费者交易提供一个安全健康的环境。学习类金融机构的做法来进行保证金制度的设计,从而解决移动支付服务保证金方面的相关问题。

第四章　用户感知风险的影响指标

近几年移动支付的创新发展,积极调动了消费者的投资、消费热情,促使消费者金融服务需求膨胀和风险预警矛盾日益严重。本章尝试转换传统的研究范式,即构建用户感知风险影响因素模型,以德尔菲法问卷调查的形式对数据进行多元线性回归获取因素,科学地运用系统工程中解释结构模型(ISM)的方法具体分析感知风险影响因素的结构特征及其因素间的层级关系,并提出相应的对策建议,为接下来的研究提供一定的研究理论基础。

第一节　用户感知风险来源

一、确定感知风险的备选影响因素

移动支付主导的互联网金融支付创新也存在一些问题和风险隐患,尤其是衍生出的移动支付投资理财业务模式在激发出消费者主动财务管理热情的同时,也深刻改变着个人的消费行为与习惯。由于许多不确定性因素的存在,消费者在使用移动支付应用时表现出复杂变化的消费心理和消费行为,具有更加明显的感知风险波动。首先,互联网环境从技术层面到法律层面都较为欠缺,信息技术自主可控能力低、较多技术和产品依赖国外进口、信息安全防御能力低等给国内信息安全带来了严峻挑战,进而提高了消费者的不安情绪。其次,第三方支付企业未能从国家经济安全的高度出发,在积极拓展业务和扩大用户规模的同时构建有效的约束机制,及时更新改进安全防范技术。现阶段移动支付频发常见的问题和安全隐患也增加了消费者感知风险的不确定性。最后,消费者自我保护意识的淡薄和受个人主观意愿驱使的不理智行为都将降低消费者的信任程度。

国内关于移动支付的研究随着互联网金融持续的发展壮大也逐渐增多。早期多围绕电子支付和清算的定义、运行规则、模式和流程等问题进行介绍和分析。近年来,依赖于支付工具的创新和支付业务的广泛兴起,以移动支付为代表的互联网支付文献急速增加。国内学者重点关注从宏观、中观视角研究移动支付的演进脉络、监管模式、风险类别及政策效应。需重视的是,新型互联网金融业态的出现加速了移动支付拓展交易可能性边界,服务了大量普通群众。这类消费者具有明显的个体非理性和集体非理性特征,容易遭受诱导、欺诈等不公正待遇,其在做出决策时倾向于减少感知风险而不是最大化感知价值。因此,另一类文献从微观视角实证研究感知风险对消费者使用移动支付意愿的影响关系。

Roger 认为,"人类的风险感知是基于经验基础的"。Mclntosh 等研究表明,消费者的风险感知与其自身的经历是密切相关的。Jihye Park 等(2005)从网络购买存在风险的角度,构建了基于产品展示、心情、感知风险和购买行为的结构方程模型,结果表明感知风险和行为之间存在负相关关系。徐玲玲、山丽杰等(2013)研究表明不同个体特征的消费者对产品或服务的需求、偏好以及风险态度等都有很大的不同。卷入程度是指消费者与其所购买产品或服务间的一种关联程度,通常表现为消费者对产品或某一事件的关心程度以及对产品的偏好等。张金荣等(2013)认为,信任是公众食品风险感知的重要决定因素。MJ Yuan、F Liu(2012)首先明确了软件项目风险管理的风险因素来自人类、技术和过程三个方面,然后通过解释结构模型具体划分了 26 项风险因素的层次关系,最后描绘出风险分析的相关关系框架。

为了进一步清晰描绘出感知风险影响因素集并理清因素间关系,作者首先从不同数据库中筛选出若干篇中英文文献,如果两个及以上学者均认为某一影响因素确实对感知风险起作用,就将其纳入影响因素集合。由于移动支付属于新兴业态,关于其感知风险影响因素的研究较少,因此择取影响因素集时借鉴了电子商务等其他领域关于感知风险问题的分析与假设,最终归纳出 13 项影响因素的备选指标(表 4-1)。

表 4-1　初始影响因素汇总

序号	影响因素	因素解释
1	社会群体环境	通过一定的社会关系结合起来进行共同活动的集体,指是否容易接受朋友推荐使用移动支付工具
2	互联网环境	用户在活动中可以使用互联网资源的场所
3	文化环境	指社会群体生存所处的社会结构、社会习俗、信仰和价值观念、行为规范等因素的形成和变动

序号	影响因素	因素解释
4	移动支付的声誉和规模	用户对移动支付企业服务的一种由情感反应和理性认知构成的综合印象以及其参与的市场份额
5	移动支付的服务类型	建立丰富多样的活动服务形式,加强用户对移动支付服务的认可度和归属感
6	移动支付提供的技术操作水平	移动支付企业对支付系统稳定和拥有先进技术的能力
7	移动支付的安全保证	移动支付企业为用户提供的保障隐私信息的保证
8	用户个体特征	主要指性别、年龄、收入等
9	用户的风险偏好	用户承担风险的基本态度,也是个人感知决策情景及制定风险决策的重要前导因素
10	用户上网经历	用户接触并使用网络的经历时长
11	用户对支付工具的知识了解	指用户的知识水平,以及对移动支付的熟悉程度
12	用户信任	用户对移动支付使用的信任接受程度
13	卷入程度	主要指使用移动支付时受其吸引的程度

其次,用德尔菲法进行问卷调查。德尔菲法是通过匿名或者背靠背的方式将所需调查的问题单独发送到各个专家的手中,确保每个专家在不受干扰的影响下独立客观地做出自我判断,然后经过轮番征询、归纳、修改专家意见,逐步取得比较一致的预测结果的决策方法。因此,此类方法可以使资源得以充分利用,并且保证最终结论的可靠性和统一性。

本研究对上述 13 个指标通过问卷形式,邀请 12 位知名相关领域的专家学者对每个备选因素进行循环评估,直到专家达成一致意见,确定最终入选的影响因素。评估的过程以及结果如下文所示。

二、运用德尔菲法构建影响感知风险因素的指标体系

首先,建立评语集。即建立备选影响因素与用户使用移动支付手段时感知风险的关联性评语集。这个评语集的区间可以表达为:$X = \{X_1, X_2, X_3\} = \{$非常重要,重要,一般$\} = \{1, 0.5, 0\}$。

其次,专家个人评价。邀请 12 位从事互联网金融领域研究和实际工作的专家学者填写《用户使用移动支付手段感知风险影响指标问卷调查》,对备选的影响因素的重要性进行评价和排序。

再次,对评价结果的数据进行处理。即将 12 位专家给定每个影响因素的相关评语集进行汇总,得到表 4-2 所示的评价结果。评价公式为:

$$Y_i = \sum_{j=1}^{3} R_{ij} \cdot X_j / D \tag{4-1}$$

其中,Y_i 表示对应每一个影响因素的感知风险重要性评价值,$i=1,2,\cdots,13$;R_{ij} 表示第 i 个因素选择第 j 个评价值的专家人数;X_j 表示对应第 j 个评价值的权重;D 表示参加此次问卷调查的专家总人数。

表 4-2　用户使用第三方支付感知风险影响因素的评价汇总表

备选影响因素	重要性评价的专家人数			影响因素重要性评价值(Y_i)	入选影响因素代号(结果)
	非常重要	重要	一般		
社会群体环境	5	7	0	0.708	S_1
互联网环境	3	8	1	0.583	S_2
文化环境	2	6	4	0.417	被排除
移动支付的声誉和规模	4	7	1	0.625	S_3
移动支付的服务类型	1	7	4	0.375	被排除
移动支付提供的技术操作水平	4	8	0	0.667	S_4
移动支付的安全保证	7	5	0	0.792	S_5
用户个体特征	3	7	2	0.542	S_6
用户的风险偏好	8	4	0	0.833	S_7
用户的上网经历	4	7	1	0.625	S_8
用户对支付工具的知识了解	6	6	0	0.750	S_9
用户信任	9	3	0	0.875	S_{10}
卷入程度	3	5	4	0.458	被排除

最后,筛选影响因素。按照某影响因素评价值 $Y_i < 0.5$ 的标准进行筛选排除,最终确定能够显著影响感知风险的因素有 10 个(即表 4-2 中的 $S_1 \sim S_{10}$),文化环境、移动支付的服务类型和卷入程度这 3 个影响因素被排除了。

第二节　移动支付用户感知风险理论模型

一、解释结构模型(ISM)及其流程

解释结构模型(Interpretative Structural Modeling,ISM)是由美国Warfield教授于1973年分析复杂社会经济系统的有关问题而开发的一种结构模型化技术。使用该项技术可以将复杂的系统分解为若干子系统要素,理顺众多复杂又不清晰的变量关系,终形成一个多级递阶的结构模型。在中国,解释结构模型方法被广泛应用于多个研究领域,其中包括但不限于项目风险领域(杨斌等,2010;杨翮等,2015)、企业技术创新领域(常玉等,2003;王宛秋、张永安,2009;王猛等,2013)、供应链领域(刘玫,2011;周荣辅、朱超博,2012;杨晓艳、陈杰,2013)等。

一般来说,实施ISM的工作程序有六步:第一步,明确设定问题;第二步,组织实施ISM小组,要求成员对设定的问题有一定了解并持有不同观点;第三步,由小组讨论研究确定合理的构成系统的要素;第四步,根据要素明细表构思模型,建立邻接矩阵,并计算可达矩阵;第五步,分解可达矩阵列出级间分解层;第六步,绘制最终的多级递阶有向图。

二、建立感知风险影响因素关系的邻接矩阵和可达矩阵

(一)构建邻接矩阵

在前述分析和经专家成员研究基础上,给出感知风险10个影响因素之间的逻辑关系(如表4-3所示)。其中,"A"表示方格图中的列元素对行元素有影响;"V"表示行元素对列元素有影响,元素自身不影响自己。

根据表4-3,按照S_i对S_j有直接影响则赋值1,S_i对S_j无直接影响则赋值0的规则,构建邻接矩阵A(图4-1)。

表4-3　感知风险影响因素逻辑关系表

V	V		A	A					S_1
		V			V	V		S_2	
V	V				A	A	S_3		
V					V	S_4			
V					S_5				
		V	V	S_6					
			S_7						
V		S_8							
V	S_9								
S_{10}									

$$A=\begin{array}{c}\\ S_1\\ S_2\\ S_3\\ S_4\\ S_5\\ S_6\\ S_7\\ S_8\\ S_9\\ S_{10}\end{array}\begin{array}{cccccccccc}S_1 & S_2 & S_3 & S_4 & S_5 & S_6 & S_7 & S_8 & S_9 & S_{10}\\ \left[\begin{array}{cccccccccc}0 & 0 & 0 & 0 & 0 & 0 & 0 & 0 & 1 & 1\\ 0 & 0 & 0 & 1 & 1 & 0 & 0 & 1 & 0 & 0\\ 0 & 0 & 0 & 0 & 0 & 0 & 0 & 0 & 1 & 1\\ 0 & 0 & 1 & 0 & 1 & 0 & 0 & 0 & 0 & 1\\ 0 & 0 & 1 & 0 & 0 & 0 & 0 & 0 & 0 & 1\\ 1 & 0 & 0 & 0 & 0 & 0 & 1 & 1 & 0 & 0\\ 1 & 0 & 0 & 0 & 0 & 0 & 0 & 0 & 0 & 0\\ 0 & 0 & 0 & 0 & 0 & 0 & 0 & 0 & 0 & 1\\ 0 & 0 & 0 & 0 & 0 & 0 & 0 & 0 & 0 & 1\\ 0 & 0 & 0 & 0 & 0 & 0 & 0 & 0 & 0 & 0\end{array}\right]\end{array}$$

图4-1　相邻矩阵A

（二）构建可达矩阵

首先,计算邻接矩阵A与单位矩阵I的和为$(A+I)$矩阵；其次,按照布尔矩阵运算规则$(0+0=0,0+1=1,1+0=0,1+1=1)$计算$(A+I)^n$,直至

$$M=(A+I)^{n+1}=(A+I)^n\neq(A+I)^{n-1}$$
$$\neq\cdots(A+I)^2\neq(A+I) \tag{4-2}$$

这时的矩阵M：

$$M=(A+I)^{n+1}=(A+I)^n \tag{4-3}$$

则称 M 为可达矩阵;最后,利用 MATLAB 软件编程对感知风险影响因素邻接矩阵 A 进行运算得知,当 $n=3$ 时收敛,便得到可达矩阵 M,如图 4-2 所示。

$$A=\begin{array}{c@{\,}c}
 & \begin{array}{cccccccccc} S_1 & S_2 & S_3 & S_4 & S_5 & S_6 & S_7 & S_8 & S_9 & S_{10} \end{array} \\
\begin{array}{c} S_1 \\ S_2 \\ S_3 \\ S_4 \\ S_5 \\ S_6 \\ S_7 \\ S_8 \\ S_9 \\ S_{10} \end{array} &
\left[\begin{array}{cccccccccc}
1 & 0 & 0 & 0 & 0 & 0 & 0 & 0 & 1 & 1 \\
0 & 1 & 1 & 1 & 1 & 0 & 0 & 1 & 1 & 1 \\
0 & 0 & 1 & 0 & 0 & 0 & 0 & 0 & 1 & 1 \\
0 & 0 & 1 & 1 & 1 & 0 & 0 & 0 & 1 & 1 \\
0 & 0 & 1 & 0 & 1 & 0 & 0 & 0 & 1 & 1 \\
1 & 0 & 0 & 0 & 0 & 1 & 1 & 1 & 1 & 1 \\
1 & 0 & 0 & 0 & 0 & 0 & 1 & 0 & 1 & 1 \\
0 & 0 & 0 & 0 & 0 & 0 & 0 & 1 & 0 & 1 \\
0 & 0 & 0 & 0 & 0 & 0 & 0 & 0 & 1 & 1 \\
0 & 0 & 0 & 0 & 0 & 0 & 0 & 0 & 0 & 1
\end{array}\right]
\end{array}$$

图 4-2 可达矩阵 M

三、分解结构矩阵模型

对可达矩阵 M 进行分解,整理出要素 S_i 的可达集和前因集。其中,$B(S_i)$ 是由可达矩阵第 S_i 行中所有元素为 1 的列所对应的要素构成的集合,称为要素可达集,其中:

$$B(S_i) = \{S_i \,|\, \alpha_{ij} = 1, j = 1, 2, \cdots, 10\} \tag{4-4}$$

$A(S_J)$ 是由可达矩阵第 S_J 列中所有元素为 1 的行所对应的要素构成的集合,称为要素前因集,其中:

$$A(S_J) = \{S_J \,|\, \alpha_{ij} = 1, i = 1, 2, \cdots, 10\} \tag{4-5}$$

由此得出第一层元素式:

$$L_1 = R(S_i) \bigcap A(S_J) = R(S_i) \tag{4-6}$$

然后依次从可达矩阵 M 中删除 L_i 元素对应的行与列,直到得到所有层的因素为止。按照上述步骤,分析出第一级可达集和前因集(表 4-4)以及级间分解层(表 4-5)。

表 4-4 第一级可达集和前因集

S_i	$B(S_i)$可达集合	$A(S_J)$前因集	$L(S_i)$ 共同集合	$C(S_i)$ 起始集合
S_1	S_1, S_9, S_{10}	S_1, S_6, S_7	S_1	

续表

S_i	$B(S_i)$可达集合	$A(S_J)$前因集	$L(S_i)$ 共同集合	$C(S_i)$ 起始集合
S_2	$S_2,S_3,S_4,S_5,S_8,S_9,S_{10}$	S_2	S_2	S_2
S_3	S_3,S_9,S_{10}	S_2,S_3,S_4,S_5	S_3	
S_4	S_3,S_4,S_5,S_9,S_{10}	S_2,S_4	S_4	
S_5	S_3,S_5,S_9,S_{10}	S_2,S_4,S_5	S_5	
S_6	S_1,S_6,S_7,S_9,S_{10}	S_6	S_6	S_6
S_7	S_1,S_7,S_9,S_{10}	S_6,S_7	S_7	
S_8	S_8,S_{10}	S_2,S_6,S_8	S_8	
S_9	S_9,S_{10}	$S_1,S_2,S_3,S_4,S_5,$ S_6,S_7,S_8,S_9,S_{10}	S_9	
S_{10}	S_{10}	S_9,S_{10}	S_{10}	

表 4-5　级间分解汇总

层级	节点
L_1	S_{10}
L_2	S_8,S_9
L_3	S_1,S_3
L_4	S_5,S_7
L_5	S_4,S_6
L_6	S_2

根据表 4-5 级间分解汇总结果,可以绘制出用户感知风险影响因素的递阶结构模型图(图 4-3)。

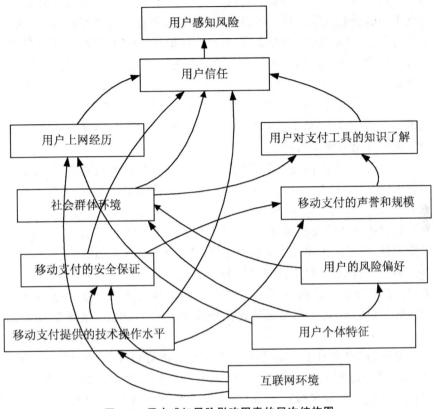

图 4-3　用户感知风险影响因素的层次结构图

第三节　研究分析与结论

从图 4-3 可以看出,用户使用移动支付工具时感知风险的影响因素由表及里依次包括表层因素、中间层因素和深层次因素。运用德尔菲法对消费者使用移动支付感知风险因素进行识别和筛选,并通过解释结构模型(ISM)进一步分解出其影响因素之间的结构性分布及其逻辑关联。实证结果表明:消费者信任是表层因素,接受深层次因素传导作用;移动支付机构提供安全技术操作等诸因素是中间层因素;消费者个体特征和互联网环境是深层次因素。

(1)用户信任是表层因素。所谓信任,就是指用户对某产品、工具或服务的认可和信赖。用户的负面情绪越大,表明对工具使用的信用程度越低,愿意承担风险的意愿随即也会降低,则感知风险水平就会相应提高。但是与用户满意倾向于感性感觉不同的是,用户信任需要建立在理性的分析基础之上,从认知层面、情感层面、行为层面等多角度去综合评价这一产品和服务,因此受环境变量、中介变量、用户个体偏好的选择不同(表示来自不同中间层因素传导作用的影响),用户信任程度有所差别,感知风险水平也存在差别。

(2)用户上网经历、用户对支付工具的知识了解、社会群体环境、移动支付的声誉和规模、移动支付的安全保证、移动支付提供的技术操作水平和用户风险偏好是中间层因素。

第一,用户的上网经历是影响其对移动支付信任的重要因素。用户上网经历丰富,说明他们会把大量时间花在互联网上,搜索信息、浏览新闻、下载软件、上网聊天等,对各种新型、创新性支付工具不会感到陌生,由于他们对互联网的依赖程度比较高,所以也比较信任互联网,相信自己有把握处理突发问题,所以较为愿意尝试新鲜事物,感知风险水平降低。

第二,用户对支付工具的了解程度也是影响信任的重要因素。用户对支付工具涉猎的信息越多,帮助全方位了解工具的使用规范、注意事项,可以减弱用户的不安全感,降低错误使用的可能性和风险性,其感知风险也会减少。

第三,用户受社会环境影响,多途径反映对信任的传导作用。Ellen和Michal经过实证调查发现,在受到朋友的推荐之后,大多数女性用户对推荐事物的感知风险降低,由此证实多数用户容易接纳朋友推荐或经介绍后有意识地接触和了解产品进而增加对它的信任程度,感知风险相应降低。

第四,移动支付的声誉和规模是影响信任的间接因素。近年来移动支付产业进入规模发展阶段,呈现出业务多元化、产业链延伸、差异化核心优势明显等发展趋势,不仅提高了支付企业公信力、提升了整体实力和品牌声誉,还加速了市场交易规模进一步扩大。在支付环境利好的刺激下,用户入市意愿增强,增加对支付市场的了解并青睐使用支付工具,从而提高了信任程度。

第五,移动支付安全保证强弱、技术操作水平高低通过多个传导途径最终影响信任。移动支付涉及金融服务,其业务特殊性决定了企业致力于追求用户使用安全性和实际操作技术性之间的平衡。所以,行业发展越迅速,越要求考虑用户的需求,这种需求既包括用户对安全感知的心理需求,也包括对简单、便捷操作的实用性需求。这种需求的满足不仅能够直接提高用户的信任程度,还能够间接提升企业声誉。

第六,用户风险偏好是影响社会群体环境的关键因素。所谓风险偏好,是指个体投资者在面对风险的不确定性时表现出的不同态度,分别是回避型、中立型、激进型。用户对风险的不同偏好将影响他们对社会群体环境的判断,例如风险激进者通常是主动追求高风险,这类人充分肯定自我判定并不在意他人评论,不容易接受他人推荐观点。

上述中间层因素将通过直接或间接传导作用影响用户信任,继而最终影响感知风险的识别程度。所以,中间层因素的传导作用不容小觑。

(3)用户个体特征和互联网环境是深层次因素。

首先,用户的个体特征需通过中间层传导机制传导至信任。用户个体特征如性别、年龄、受教育程度、上网时间宽裕程度等的不同决定了他们对使用移动支付不同的心理状态。用户的不同类型不仅体现在差异化的风险偏好选择,还体现在信息搜寻和处理的能力高低上。

其次,互联网环境也需通过中介变量传导到信任。互联网提供的虚拟交易环境相比较网下实体环境在信息对称性、实际体验等方面存在区别,使得用户在网上支付交易时所面临的不确定性因素和感知的风险更高,直接影响了用户的信任程度。

最后,互联网环境本身的复杂性、开放性与第三方支付企业提供的安全保障及简易操作相互矛盾。开放的电子信息传输渠道必然使交易的双方暴露在网络的各种安全风险之下,而且支付终端功能设计的复杂性也难以在满足用户便利操作的同时减少安全漏洞。因此,在日益重视建构网络秩序并规范网络安全的大背景下,加强管理中国的互联网环境是基础。

第四节　小　　结

金融成长或发展具有阶段性特征,一般分为金融抑制、金融约束与金融自由化三个阶段。随着经济金融改革的逐步深化,我国已进入金融约束阶段的中高级水平。此时,必须坚持以市场为导向发展包括移动支付等业态在内的互联网金融,遵循服务好实体经济、服从宏观调控和维护金融稳定的总体目标,切实保障用户合法权益,维护公平竞争的市场秩序。降低用户金融消费和投资的感知风险,将是获得安全感和公平感,实现金融稳定的微观基础。根据前述实证研究的结论和国家关于促进互联网金融健康发展的政策精神,为了降低感知风险,必须全方位、多渠道地优化网络环境、健全支付企业安全管理体系和强化消费者权益保护,提出以下建议。

一、优化互联网环境，加快信息安全战略转型

首先，明确网络空间是我国的新疆域。即在宏观调控上创新思路，从顶层设计层面加快研究制定具有中国特色的"互联网＋"发展战略和新的信息安全战略。强调国家发展网络空间防御能力和对网络攻击的有效反制能力，构建平战结合、军民结合、攻防兼备的网络空间力量，运用多种手段捍卫我国在网络空间的核心利益。

其次，进一步完善国家信息网络安全法律体系建设工程。适应新形势的变化，及时修改扩展适用的传统法律，消除传统法律制度对信息技术应用造成的障碍，通过制定一系列纲领性文件正确规范和引导互联网企业和电子信息个人之间的权利和义务。

再次，积极开展信息安全基础技术和关键技术研发工作。要求各金融监管部门对相关互联网业务实施高效管理，合理划分网络和系统的安全域，理清网络边界，全面落实安全管理和运行维护工作。要加大对信息安全保障基础技术研发的资金投入，认真研究、吸收国外网络安全技术经验，加快突破云计算、物联网、移动互联网等新技术中的关键核心技术，摆脱境外机构进口网络安全监控核心技术实施对国内互联网的同步监控，提高我国信息安全技术自主创新能力。

最后，加快信息安全人才队伍建设工作。依照国家安全战略指导方针，高等学校应加快认识到网络与信息安全的重要性，争取把网络与信息安全统一作为一级学科来建设，充分配备师资教学资源，加大专业经费投入力度，完善基础条件建设，确保能够体系化、规模化、系统化地创造复合型人才，切实把人才资源凝聚起来。与此同时，建立开放、流动、竞争的人才互动机制，有选择地吸引海外优秀人才来国内发展，通过制度建设，安全评估并充分利用他们的研究成果，从而推动我国网络安全发展，营造更加和谐、稳定的互联网环境。

二、强化企业自律约束，全面提高安全技术水平，优化社会群体环境

首先，企业自觉遵守行业规范管理规定。企业参照十部委颁布的《互联网金融指导意见》严格执行向电信主管部门履行网站备案手续，并在各监管部门的监督管理下按规定依法履行其他监管程序，确保规范从事支付业务，牢记以维护社会公众合法权益为宗旨，联合抵制少数图利企业通过钻法律

漏洞等方式给用户带来的侵权行为。另外,企业充分发挥行业自律机制的积极作用,建立惩罚制度严格律己,提高企业内部约束力。

其次,企业改造安全技术水平。要求移动支付企业在不断根据市场需求做出适应和创新设计的同时,须结合不同支付类型的不同要求对现有移动支付平台的协议及流程进行改进,如寻求更高效率、更高安全性的加密解密算法,以此提高交易支付的安全性与效率;同时,企业间可以考虑以合资合作的方式共同开发更为先进、实用的客户身份识别系统,试图将安全隐患压低至最低程度。

最后,拓宽社会环境信息公开渠道,带动公众理性参与。移动支付企业应突破传统教育宣传模式的局限,运用互联网尤其是移动互联网在信息传播方面快速发展的优势,开发多样化的信息传播平台,让互联网金融用户随时随地可以获得宝贵的金融知识,真正消除用户和经营机构之间因信息不对称产生的鸿沟,增强用户对移动支付机构的信任。

三、保护用户合法权益,大力推动信用基础设施建设

首先,提高用户金融知识教育和信息安全教育水平。伴随移动支付的高速发展,依托于支付账户衍生出来的类银行金融属性也层出不穷。公众普遍认为依托于移动支付的各类交易尤其指金融交易是自己应该享有的基本民主权利,但遗憾的是由于交易信息的不完全对称以及用户缺乏专业性的思考能力,他们更多的是凭借经验和习惯对产品和服务信息进行主观判断,容易受误导、欺诈等遭受严重损失。对此,用户要有意识、有针对性地普及与支付应用相关的各种资讯,尽可能熟悉移动支付的业务流程和风险并且了解已经出现的各类安全问题,同时做好个人隐私的保密工作。另外,广泛动员政府部门、金融用户、市场参与者、各类学校、新闻媒体等社会多方组织参与,发挥各方合力,构建提升全民金融素质的长效机制。要求用户应主动提高网络金融知识教育和信息安全教育水平,多上网搜寻安全事故案例,并积极参与政府主管部门联办的各种知识普及教育培训。

其次,开拓统一信息披露渠道。移动支付企业自发构建网络交易信用平台,明确树立"安全服务,信用透明"的工作理念,通过设计一系列评价指标定期公布诚实的信用指数;及时向投资者发布与企业经营活动、财务状况、投诉、消费纠纷调解相关的其他信息,充分发挥信用共享和信用评价客观、实时的特点,方便用户全面了解交易对象品牌信誉、运作状况等;进行充分的风险提示,提醒用户非理性行为可能产生的潜在风险,鼓励用户远离跟风从众的不良心态,合理控制自己的冲动情绪并且建立正确的消费

理念。

　　最后,增强用户维权意识,发挥"多元化"纠纷解决机制功能。用户要敢于维护自己的合法权益,即使所涉争议金额较少,也不能轻易选择放弃维权,以免滋长不法分子更加恶劣的猖狂行为。一旦发生侵权行为要及时告知相关金融服务投诉机构,可以采取在线争议解决、现场接待受理、监管部门受理投诉、第三方调解以及仲裁、诉讼等多种途径合理正当解决个人诉求。要及时发布维权提示,加强互联网金融产品合同内容、免责条款规定等与用户利益相关的信息披露工作,细化和完善互联网金融个人信息保护的原则、标准和操作流程,严禁网络销售金融产品过程中的不实宣传、强制捆绑销售等行为,以减少不必要的纠纷。

第五章 移动支付用户感知风险维度结构

消费者在使用一项新的服务或购买新的产品时,相对于期望利益来说,感知到的风险可能对他们的行为影响更大。对于移动支付服务来说,用户会感知到哪些风险维度? 这些维度之间有什么关系? 哪些是用户比较在意和关心的? 移动支付作为一种新型且被众人所接受的消费支付模式,也正被各种手机软件所采纳运用并涌现出一批新的移动增值服务形式,这给消费者带来了很大的便利。移动支付具有某些新的特点,消费者的感知风险的维度和内容以及与总风险的相关度与在传统支付环境以及电子商务环境下有所不同。本章将对这种支付方式用户的感知风险这一多维概念(Construct)的测量模型进行研究。

在广泛阅读相关文献的基础上,作者采用归纳与演绎结合的方法进行量表的开发,既借鉴了相关文献的研究成果,又采用了焦点小组访谈和专家意见等方法,结合用户使用移动支付的实际情况开发了初始测度量表,然后进行了预调查;在修改部分测度项之后,形成正式量表,进行正式问卷调查,问卷回收后,对数据进行探索性因子分析和验证性因子分析以确定消费者对移动支付感知风险的维度结构;最后,利用结构方程模型验证各子维度之间的关系,以及子维度对总感知风险的贡献。

第一节 感知风险各子维度界定与筛选

一、感知风险各子维度定义

基于本书第二章文献综述中曾多次被专家学者提到的 10 个感知风险维度,针对移动支付的具体环境,分别给出可能出现的若干维度的操作化的定义,以便进行量表的开发。Lim(2013)在对以往研究进行综述后,指出以往部分研究中对感知风险维度的划分混淆了感知风险本身及风险来源,感知风险维度应该是对风险本身的划分而不应与风险来源混为一谈。通过对10个感知风险维度研究,可以发现,这些维度中有些是感知风险的来源,而不是感知风险的一部分,如感知来源风险,它实际上是对供应商的资质的担心,而不是风险的类别,所以把感知来源风险排除在感知风险维度之外。安全可能是引发风险的要素,因此安全风险实际上也是从风险来源的角度进行考虑的,因此排除在风险维度之外。另外,感知个人风险在已有的文献中定义模糊,实际上是指其他几个维度之和,所以也不应包括在风险维度之中。

考虑到移动支付与电子商务的相似性,我们参考了电子商务领域相关的研究。Korgaonkar 等(2007)在电子零售(E-tailing)中提出,经济风险和心理风险是主要的风险类型,而 Kim 等(2008)提出隐私风险和安全风险是电子商务中消费者感知风险的主要维度,Nicolasa 和 Castillo(2008)认为电子商务环境下消费者感知风险还应该包括绩效风险、财务风险、时间风险和交付风险。除这些在电子商务中被证实的风险维度之外,移动支付的独有特点还会导致用户产生新的关切。用户的隐私信息,如地理位置、消费记录、消费偏好等在移动支付中可能轻易就被获取,并存在被暴露的可能性,这就是隐私风险。Featherman 等(2003)认为,消费者对互联网电子服务(Internet-delivered E-service)的感知风险主要包括功能、财务(经济)、时间、心理、社会和隐私风险。由于安全风险的概念比较模糊,诸如财务安全、技术安全、隐私安全等,实际上安全是风险的对立面,其并不是某类潜在损失,因此,将安全风险(Security Risk)当作感知风险的一个维度是不合适的。

基于以上分析,可以将消费者对移动服务感知风险的可能维度均列出来,即感知经济风险(Perceived Economy Risk)、感知隐私风险(Perceived Privacy Risk)、感知技术风险(Perceived Technology Risk)、感知功能风险(Perceived Functional Risk)、感知心理风险(Perceived Psychological Risk)、感知时间风险(Perceived Time-loss Risk)、感知服务风险(Perceived Service Risk)、感知社会风险(Perceived Social Risk)、感知绩效风险(Perceived Performance Risk)、感知身体风险(Perceived Physical Risk)。为了测量各子维度与感知风险的关系,所以将总感知风险(Overall Perceived Risk)一并测量。基于相关文献研究和移动支付的特征,对各感知风险维度的操作化定义见表 5-1。

表 5-1　移动支付服务中用户感知风险维度的定义

风险维度	定义
感知经济风险	也叫财务风险,指用户感知到由于使用某移动支付 APP 服务,因某些不确定因素造成的经济损失,比如意外的扣款、银行卡密码被窃取造成的经济损失等。有些增值服务的收费标准不清晰也会导致潜在的经济损失
感知隐私风险	使用移动支付时,私人信息和信用卡信息容易通过网络技术泄露。指消费者感知到在使用移动支付服务的过程中,移动支付 APP 平台可能控制了自己的隐私信息(这种隐私信息为法律所保护),并且有可能在用户并不知晓和同意的情况下被使用、租借或售卖,甚至从事对消费者不利的活动
感知技术风险	指用户对移动支付的技术特征水平和运作原理感知不确定时,可能导致不能正常使用移动支付或移动支付功能达不到预期效果而产生损失
感知心理风险	指用户在使用移动支付服务后,可能会遭受精神或者心理的压力,比如由于使用不顺利造成的受挫感。另外其他感知风险也会加剧这种精神或者心理的压力
感知时间风险	指用户在使用移动支付服务中,由于学习如何使用、与服务人员交涉、网络速度慢等原因,可能会造成时间的花费,或者因网络不畅导致支付时间延迟的风险
感知服务风险	指用户在使用移动支付服务时,有可能会遇到移动支付服务供应商服务不周到,或者无法提供给用户所需要的服务
感知社会风险	指用户使用移动支付服务可能会影响个人社会形象,容易被看作是另类或不被别人认同
感知功能风险	指移动支付服务不能顺利完成的可能性,并从支付平台及终端设备的完善性这两个方面来测度移动支付的功能风险
感知绩效风险	指消费者感知到该支付服务有可能不能正常运行或者不能够像广告宣称的那样提供服务,因此不能满足用户的期望
感知身体风险	指用户认为使用移动支付服务的过程可能导致其身体健康受到影响,如手机辐射对身体影响、长期使用对视觉和听觉的无形损害等
总感知风险	指用户使用移动支付服务时,考虑所有风险维度,感知到的损失或者风险的总和

二、感知风险各子维度筛选

(一)焦点小组访谈

焦点小组访谈(Focus Group Discussion)最初由美国哥伦比亚大学学者 Merton and Kendall(1946)提出,后来被广泛应用于社会科学的定性研究中,特别是营销领域的研究。组织者预先准备好主要问题,在访谈提纲的指导下,与会者参与讨论,轮流就某一问题发表自己的看法和观点,并有专人负责记录,然后对小组成员讨论的内容进行总结。焦点小组访谈的目的在于了解访谈对象对移动支付的服务、观念或使用过程的内心想法。焦点小组访谈在量表开发中具有不可替代的作用,通常是探查潜变量的测度项的必要步骤。

(二)访谈程序

采用焦点小组访谈的方法获取移动支付用户感知风险的观点,来分析所提感知风险维度的存在性和合理性。访谈小组由 20 名移动支付用户组成,访谈小组参与者人口统计描述见表 5-2。

表 5-2 焦点小组参与者人口统计描述

	选项	人数	比例/%	选项		人数	比例/%
年龄	18~29	3	15	月收入/元	4000~8000	11	55
	30~39	13	65		8000~10000	5	25
	40~59	4	20		10000 以上	4	20
性别	男	13	65	月移动支付消费占比	10%以下	2	10
	女	7	35		10%~20%	3	15
教育程度	本科及以下	9	45		20%~50%	11	55
	硕士	6	30		50%以上	4	20
	博士	5	25				

首先,小组成员就移动支付的特点和可能潜在的风险发表意见,每人对移动支付使用过程中存在的感知风险维度发表自己的看法,并指出没有涵盖的风险因素;然后,要求参与者根据风险的严重性将所涉及的感知风险维度进行排序,并给出合理的解释;再结合个人深度访谈,让消费者描述个人

在使用移动支付服务时所感受到的各种风险维度和每个维度下所包含的风险要素。

三、访谈筛选结果分析

访谈结果表明,用户在使用移动支付的过程中比较关心的是隐私风险、经济风险,其次是技术风险、心理风险、服务风险等。隐私风险是移动支付用户最为关心的风险维度,移动支付平台拥有用户的个人信息、银行卡账号和密码、个人消费记录等私人信息。小组成员认为一旦接受了某平台的移动支付服务,他们的隐私信息如身份证号码、银行卡号码、住址消费记录、实时所在地理位置等均有可能被暴露,甚至可能被售卖等,这可能产生对其不必要的影响和可能的伤害,小组成员也抱怨他们经历过账号被盗和恶意骗款的现象,使他们对经济风险比较担心。当刚开始接受移动支付时,用户会质疑其可靠性。认为移动支付服务平台有时会在交易上使用某些不为人知的伎俩,在不知不觉中,手机账户的钱就被扣掉了。因此,支付平台应该将收费项目具体明确,便于理解。

由于移动支付服务不同于其他服务,其相应的服务标准不够健全,小组成员认为很难评价其服务。他们认为,移动支付服务的标准缺失会导致服务风险,他们质疑支付服务提供商既是标准的制定者,又是服务的提供者,这本身就是导致服务风险的原因,因此质疑通过手机等设备收到信息的可信性。另外,他们中的一些人也担心服务的即时性以及服务绩效与服务提供商承诺是否能保持一致等。感知服务风险主要可能由于信息不对称,导致消费者对服务的有效性和可靠性提出质疑。

消费者对身体风险感知度比较低。由于在使用移动支付之前,消费者已经知道使用手机等移动通信工具可能会对自己的健康有影响,比如手机辐射对身体有影响,这些已经被消费者知晓,与使用某项具体的移动支付关系不大,这是移动通信技术本身的问题,与本研究的目的无关,所以排除在本研究之外。

与会者认为尽管移动支付可提供某些便利和提高效率,但是在服务的初期,由于使用不熟练、系统不稳定、信息不透明等因素,出现故障、纠纷、差错的可能性比较大,进而可能导致消费者时间损失,因此认为时间风险也是存在的。

也有消费者提及技术风险,认为技术不稳定导致某些不良后果。由于移动通信技术的开放性,消费者表示"我们不知道该技术是否可靠、安全",因此担心其不能确保资金和相关信息的安全性和保密性。但我们认为技术风险并不是一个风险维度变量，而是导致风险发生的前因变量。此外，消费者认为，由于移动支付服务可以给消费者带来便利时尚的体验，所以消费者并未感知到社会风险，不会导致别人对自己的评价降低等事情的发生。为了测试更多人的态度，我们保留了对感知社会风险的测度。

焦点小组访谈为消费者对移动支付服务感知风险维度的确定提供了初步定性分析的基础，为进一步编制测量量表提供了有力支撑。

（一）感知经济风险

移动支付的用户感知经济风险，也叫感知财务风险，是指因为用户对移动支付系统的安全性和稳定性感知不确定，而可能导致经济上蒙受损失所产生的风险。对于移动支付，消费者将感知在移动终端上输入账号密码后面临被窃取的风险，支付过程中出现不合理收费的风险，移动支付过程操作不当造成支付费用丢失的风险，移动支付过程失败造成更大金钱损失的风险等。感知财务风险是消费者感知风险中影响力较为显著的因素，特别在移动支付决策的阶段，可能对消费者的支付行为带来较大的影响。

（二）感知隐私风险

使用移动支付时，私人信息和信用卡信息容易通过网络技术泄露；移动支付的用户感知隐私风险，是指因为用户对移动支付的运营方式和质量的感知不确定，而导致个人信息、隐私、心理、生理上带来的损失。对于移动支付，消费者将感知由于使用移动支付导致个人隐私（如个人信息、购物经历和消费习惯等）被泄露的风险，由于使用移动支付导致个人健康（如视力、身体等）受到伤害的风险，由于使用移动支付导致个人心理或精神产生压力（如不安、焦虑、情绪暴躁）的风险。隐私信息有可能在用户并不知晓和同意的情况下被使用、租借或售卖，甚至从事对消费者不利的活动。

（三）感知功能风险

使用移动支付的场合、金额、能够购买的产品或服务不能满足消费者对支付活动的需求的风险。消费者在使用移动支付服务时遇到的功能风险主要由以下两方面造成：一是支付服务可能不能正常运行；二是不能提供与广告宣传相一致的服务。这两种情况导致用户期望不能得到满足。支付平台的功能属性是否与用户预期一致决定了用户感知功能风险的大小。移动支付过程功能风险最重要的不是用户获得的服务能否达到期望，而是要确保移动支付的结果达到用户的期望，也就是移动支付的顺利完成。在这种情况下，对于移动支付来说，支付平台及终端设备不发生故障是保障其顺利完成的重要因素,因此本研究将用户移动支付的感知功能风险定义为移动支付服务不能顺利完成的可能性,并从支付平台及终端设备的完善性这两个方面来测度移动支付的功能风险。

(四)感知社会风险

社会风险(Social Risk)指的是使社会产生冲突,使社会稳定和社会秩序受到危及的可能性。而移动支付的用户感知社会风险,是指因为用户对使用移动支付所带来社会对个人评价效果的感知不确定,而可能给个人社会地位或社会形象造成的损失。消费者作为一个社会人,肯定会关心自己在他人心中的形象,也会在意他人对自己的评价,也就是说社会风险在消费行为中是必然存在的。Jacoby 和 Kaplan(1972)把社会风险定义为消费者担心其某个消费决定可能不被亲友或社会接受,这也反映出消费者关心由消费行为而产生的形象。在生活中,由于不理解别人消费行为而降低对其评价的现象并不少见,特别是在我国,很多人更是不能理解其他人一些"过于前卫"的消费方式。尽管之前有学者讨论认为移动支付为消费者提供了便利性,给消费者带来了时尚感,消费者不会因为使用移动支付而担心被别人认为自己是愚蠢的或被别人降低评价,但是本研究从我国的移动支付用户行为角度考虑,为了测度更多人的态度,还是保留了社会风险这一维度。

(五)感知心理风险

感知心理风险主要是指用户担心在消费时会有某种不希望出现的状况有出现的可能性。用户在使用移动支付服务后,可能会遭受精神或者心理的压力,比如由于使用的不顺利造成的受挫感。另外其他感知风险也会加剧这种精神或者心理的压力。据统计,每次当网站要求浏览者提交个人信息时,就会有79%的人选择关闭网页离开网站。还有少数人不愿进行网上购物,因为他们对网络和计算机技术有天然的恐惧感和排斥感。杨永清,张金隆等人认为采纳移动增值服务的消费者可能受到精神上或心理上的压力,比如因为使用不顺利而造成的受挫感。任何消费行为都会产生不同程度的感知心理风险。而在移动支付过程中,由于受到无线网络和支付技术的限制,用户更容易担心意外状况的发生,如个人信息是否被拦截、账户是否在无线网络中暴露或银联卡芯片上的内容是否被非法复制,因此使用移动支付的消费者更容易对支付过程、支付结果产生紧张和焦虑。在移动支付感知风险中,作为一个可能受到其他风险影响的维度,感知心理风险是必不可少的。

（六）感知时间风险

移动支付的用户感知时间风险,是指因为用户对移动支付过程的学习、适应和使用情况感知不确定,而可能导致时间上的浪费所产生的风险。对于移动支付,用户将感知在学习、适应移动支付过程上花费时间过长的风险,以及在使用移动支付的过程存在花费时间过长的风险,移动支付过程出现调整、错误或失败造成时间浪费的风险等,都属于感知时间风险这一维度。

第二节　初始量表编制及数据收集

一、初始量表编制

在焦点小组访谈后,根据消费者对移动支付风险类型及风险要素的描述,并参考有关文献,编制初始量表。初始测度项及其来源见表 5-3。

表 5-3　初始测度项及其来源

因子	编号	测度项
感知经济风险 ER	ER_1	可能使绑定的银行账户和密码处于被窃取的风险中
	ER_2	使用移动支付可能导致财务信息泄露
	ER_3	存在恶意收费、不按规定收费、不合理收费现象
	ER_4	当注销该移动支付账号时,预支付的费用有可能得不到退还
感知隐私风险 PR	PR_1	担心姓名、照片、年龄等隐私个人信息在不知晓的情况下被使用、共享、租售
	PR_2	无线网络的开放性可致个人信息被截获、入侵
	PR_3	个人的消费支付记录可能被跟踪并分析
	PR_4	移动支付定位可能暴露用户行踪
感知功能风险 FR	FR_1	系统可能发生故障或不能提供所承诺的服务
	FR_2	可能由于运行不好给我带来不利的影响
	FR_3	该服务可能达不到所期望的服务绩效水平
	FR_4	该服务可能表现不佳且不能正确地处理支付功能

续表

因子	编号	测度项
感知社会风险 SR	SR₁	移动服务可致他人对我的负面看法
	SR₂	使用该服务可能导致亲人和朋友对我的评价降低
感知心理风险 PsR	PsR₁	使用该服务可能造成心理压力
	PsR₂	该服务与自我形象和观念不符,可能感到不舒服
	PsR₃	该服务可能造成没有必要的紧张和焦虑
感知时间风险 TR	TR₁	使用移动服务可能导致时间损失
	TR₂	如果支付系统出错,改正错误可能导致时间损失
	TR₃	学习如何使用该移动服务可能会花费时间
总感知风险 OPR	OPR	使用移动支付服务会导致风险

二、数据收集与分析

在初始量表形成之后,编写初始问卷,问卷采用 Likert 的 7 级量表来测度这些项目,选项从"非常不赞同"到"非常赞同",对 50 名在校的博士生和硕士生做了预调查,回收了 28 份有效问卷。听取了他们对调查问卷提出的建议,并对问卷进行了修改。另外预调查问卷结果显示对感知社会风险的感知度很低,应该删除这一维度,对数据进行的初步分析也支持了这一观点。各个测度项的均值和方差见表 5-4,可以看出用户对经济风险和隐私风险感知度比较高,而感知社会风险的两个测度量的方差均小于 1,说明样本对感知社会风险基本上持否定态度。

经过预调查,修改和删除了部分测度项,形成了正式的问卷,进行问卷调查。由于移动支付使用对象主要是年轻群体,本研究选取的样本主要是在校本科生、硕士生、博士生以及刚参加工作的年轻人,调查对象主要分布在北京、上海、郑州、山东等地。问卷发放了 500 份,回收有效问卷 409 份,问卷回收率 81.8%,样本描述见表 5-5。

对数据进行录入整理之后,采用 SPSS 22.0 对数据进行了测度项与总感知风险之间的相关分析,其次进行了探素性因子分析,检验了因子的初步结构,然后利用 Lisrel 进行了验证性因子分析,检验了量表的信度和效度,最后证实了移动商务中消费者感知风险维度结构。

表 5-4 预调查测度项均值方差分析表

测度项	均值	方差	测度项	均值	方差
ER_1	5.000	1.515	FR_4	4.714	1.150
ER_2	5.214	1.286	SR_1	2.892	0.994
ER_3	5.785	1.474	SR_2	2.714	0.975
ER_4	5.785	1.100	PsR_1	3.392	1.257
PR_1	5.928	1.184	PsR_2	3.428	1.288
PR_2	5.428	1.288	PsR_3	3.357	1.129
PR_3	5.785	0.994	TR_1	4.142	1.483
PR_4	5.895	0.737	TR_2	5.285	1.150
FR_1	4.928	1.463	TR_3	4.250	1.236
FR_2	4.785	1.257	OPR	5.285	1.013
FR_3	4.892	1.133			

表 5-5 正式样本统计分析

统计变量		比例/%
性别	男	46.8
	女	53.2
年龄	16～24	63.7
	25～35	29.1
	35 岁以上	7.2
教育程度	本科生以下	86.5
	硕士以上	13.5

第三节　数据处理结果分析

一、相关性分析

由于所测得项目都是消费者采纳移动支付感知风险,所以要求每一个测度项与总感知风险呈显著性正相关。采用 SPSS 22.0 对数据进行分析,结果见表 5-6。相关分析结果表明,相关系数检验的双侧概率 p 值都小于显著性水平 0.01,所以,各个测度项与总感知风险显著正相关,保留所有测度项。

表 5-6　预测项与总感知风险相关系数

测度项	总感知风险（OPR）		测度项	总感知风险（OPR）	
	Pearson 相关系数	显著性（双侧）概率 p 值		Pearson 相关系数	显著性（双侧）概率 p 值
ER_1	0.231**	0.000	PsR_2	0.334**	0.000
ER_2	0.222**	0.000	PsR_3	0.322**	0.000
ER_3	0.233**	0.000	PR_1	0.264**	0.000
ER_4	0.303**	0.000	PR_2	0.314**	0.000
FR_1	0.223**	0.000	PR_3	0.217**	0.000
FR_2	0.296**	0.000	PR_4	0.331**	0.000
FR_3	0.390**	0.000	TR_1	0.273**	0.000
FR_4	0.337**	0.000	TR_2	0.202**	0.000
PsR_1	0.203**	0.000	TR_3	0.427**	0.000

注:** 表示显著性水平为 0.01(双尾)。

二、因子验证性分析

探索性因子分析的目的是从剩下的 18 个测度项中提取若干因子,用这些因子来解释移动支付中消费者感知风险。这些公因子即为消费者感知风险的维度。首先计算 KMO(Kaiser-Meyer-Olkin)值和进行 Bartlett's 球形检验以判断测度项是否适合做因子分析。根据 Kaiser(1974)的观点,如果 KMO 值小于 0.5 则不宜进行因子分析。本样本的 KMO 值为 0.87,表示适合进行因子分析。Bartlett's 球形检验的近似卡方值 χ^2 为 3870,自由度 df 为 153,比较显著,表明适合做因子分析(见表 5-7)。

表 5-7 测度项的 KMO 和 Bartlett 球形检验

指标		检验值
KMO 值		0.870
Bartlett 球形检验	近似卡方 χ^2	3870
	自由度 df	153
	临界值 Sig	0.000

以 SPSS 为工具,利用主成分分析法,以特征根大于 1 为标准对测度项提取因子,采用方差最大法对因子矩阵进行旋转,得到的结果见表 5-8。所有测度项都在对应的因子上负载较大,均大于 0.5,交叉变量的因子负载没有超过 0.5,初步显示因子的聚合效度和差别效度较好。探索性因子分析的结果表明消费者感知风险存在感知隐私风险、感知绩效风险、感知财务风险、感知时间风险和感知心理风险五个感知风险维度,五个维度累计解释方差贡献率为 73.79%,说明五个感知风险维度基本涵盖移动支付环境下用户感知风险的要素。

表 5-8 旋转主成分矩阵 α

测度项	因子				
	1	2	3	4	5
ER_1	0.179	0.794	0.242	0.023	0.030
ER_2	0.224	0.789	0.175	0.073	0.080
ER_3	0.257	0.817	0.120	0.011	0.088
ER_4	0.208	0.783	0.145	0.078	0.127
FR_1	0.215	0.134	0.741	0.110	0.140
FR_2	0.116	0.103	0.825	0.105	0.042
FR_3	0.025	0.217	0.798	0.158	0.157
FR_4	0.113	0.204	0.775	0.100	0.091

续表

测度项	因子				
	1	2	3	4	5
PsR$_1$	0.107	0.046	0.107	0.061	0.821
PsR$_2$	0.168	0.086	0.130	0.032	0.841
PsR$_3$	0.057	0.124	0.106	0.118	0.803
PR$_1$	0.820	0.210	0.158	0.086	0.133
PR$_2$	0.835	0.221	0.113	0.043	0.078
PR$_3$	0.842	0.168	0.084	0.072	0.099
PR$_4$	0.775	0.291	0.139	0.113	0.111
TR$_1$	0.147	0.085	0.155	0.845	0.096
TR$_2$	0.007	0.046	0.095	0.905	0.044
TR$_3$	0.106	0.020	0.161	0.890	0.084
特征值	6.186	2.337	1.746	1.732	1.282
方差解释率%	34.365	12.982	9.699	9.620	7.125
累积方差解释率%	34.365	47.347	57.046	66.666	73.790

三、信度效度检验

(一)信度检验

为了进一步检验量表测量的可靠性,需要进行信度分析。我们利用 SPSS 进行信度分析,采用修正后项总相关系数(Corrected Item-Total Correlation,CITC)和 Cronbach's α 系数来验证测度项的信度。根据 Churchill 的建议,CITC 的值应该大于 0.5,否则应该考虑删除该项目。Nunally (1978)建议 α 的值大于 0.8 表明量表的信度非常好,大于 0.7 为较好。另外根据删除测度项后的 α 值,可以发现如果删除该测度项后 α 有显著提高,则应该删除该测度项。

α 的计算公式见式(5-1):

$$\alpha = \frac{n}{n-1}\left[1 - \frac{\sum_{i=1}^{n}\sigma_i^2}{\sum_{i=1}^{n}\sigma_i^2 + 2\left(\sum_{i,j=1}^{n}\sigma_{ij}\right)}\right] \tag{5-1}$$

式中，n 为因子指标个数，σ_i^2 为第 $i(i = 1,2,3,\cdots,n)$ 个指标的方差，$\sum_{i,j=1}^{n}\sigma_{ij}$ 为测量指标之间的共同变异量(陈晓苹等,2008)。

根据表 5-9 显示的结果,所有测度项的 CITC 值均大于 0.5,删除测度项后的 α 值并没有显著提高,各个因子的 α 值均大于 0.7,表明因子具有较好的信度。

表 5-9 信度分析结果

维 度	测度项	CITC	删除测度项后 α	α
感知经济风险	ER₁	0.571	0.672	0.747
	ER₂	0.540	0.691	
	ER₃	0.528	0.702	
	ER₄	0.542	0.689	
感知功能风险	FR₁	0.647	0.818	0.845
	FR₂	0.691	0.799	
	FR₃	0.716	0.788	
	FR₄	0.673	0.808	
感知心理风险	PsR₁	0.627	0.740	0.797
	PsR₂	0.685	0.675	
	PsR₃	0.618	0.754	
感知隐私风险	PR₁	0.739	0.815	0.863
	PR₂	0.728	0.818	
	PR₃	0.686	0.837	
	PR₄	0.694	0.832	
感知时间风险	TR₁	0.742	0.860	0.881
	TR₂	0.779	0.824	
	TR₃	0.798	0.806	

(二)效度检验

效度就是测量的有效性,即测量结果能否真正反映测量的对象。效度可以分为内容效度、效标效度和建构效度,其中建构效度是检验的重点(鲁耀斌等,2008)。建构效度指测量工具能够测量理论的概念或特质的程度,包括聚合效度和差别效度。聚合效度指同一因子的测度项之间的相关的程度,差别效度指不同因子的测度项之间的不相关的程度。本章主要检验建构的聚合效度和差别效度,并对量表进行验证性因子分析。测度项收敛效度分析结果见表5-10。

表 5-10 测度项收敛效度分析结果

维度	测度量	标准负载	T 值	平均萃取变异量(AVE)	组合信度(CR)
感知经济风险	ER$_1$	0.78	18.00	0.624	0.869
	ER$_2$	0.79	18.34		
	ER$_3$	0.82	19.38		
	ER$_4$	0.77	17.52		
感知功能风险	FR$_1$	0.72	15.89	0.575	0.844
	FR$_2$	0.75	16.80		
	FR$_3$	0.81	18.49		
	FR$_4$	0.75	16.74		
感知心理风险	PsR$_1$	0.71	14.85	0.575	0.802
	PsR$_2$	0.73	15.18		
	PsR$_3$	0.83	17.78		
感知隐私风险	PR$_1$	0.84	20.08	0.673	0.891
	PR$_2$	0.83	19.78		
	PR$_3$	0.80	18.92		
	PR$_4$	0.81	19.10		
感知时间风险	TR$_1$	0.81	18.79	0.718	0.884
	TR$_2$	0.84	19.98		
	TR$_3$	0.89	21.63		

验证性因子分析的结果(见表5-11)表明,各标准负载均大于0.7且比较显著,通过平均方差萃取(Average Variance Extracted,AVE)检验聚合效度,AVE的计算方法见式(5-2),为指标的标准负载。结果表明,各因子的 AVE 大于0.5,证明量表有良好的聚合效度。复合信度(Composite Reliabilities,CR)用来评估模型的内部一致性,计算公式见式(5-3),结果表明

各因子的 CR 均高于 0.8,表明量表具有较高信度。

$$AVE = \frac{\sum \lambda_i^2}{n} \tag{5-2}$$

$$CR = \frac{\left(\sum \lambda_i\right)^2}{\left[\left(\sum \lambda_i\right)^2 + n(1-AVE)\right]} \tag{5-3}$$

表 5-11　因子相关矩阵

因子	ER	FR	PsR	PR	TR
ER	0.79				
FR	0.60	0.76			
PsR	0.39	0.50	0.76		
PR	0.25	0.18	0.37	0.82	
TR	0.36	0.30	0.37	0.22	0.85

注:对角线数据为 AVE 的平方根。

差别效度的检验是通过因子间相关系数与 AVE 的平方根项比较,如果 AVE 的平方根大于相应的相关系数,则表示它们之间有差别效度(Fornell and Larcker,1981)。表 5-10 和表 5-11 显示本研究中的因子之间的相关系数均小于相应的 AVE 的平方根(对角线上的数据),表明量表的差别效度良好。模型拟合指标见表 5-12。根据 Joreskog and Sorbom(1993)等的建议,模型拟合指数 χ^2/df 的值可以接受;RMSEA 为 0.037 符合 Maccallum et al.(1996)的推荐值,规范拟合指数 NFI、不规范拟合指数 NNFI、比较拟合指数 CFI、拟合优度指数 GFI 都在合理范围内,表明数据与模型拟合较好。

表 5-12　模型整体拟合优度指标

指标	卡方 χ^2	p	自由度	χ^2/df	NFI	NNFI	CFI	GFI	RMSEA
参考范围	—	—	—	<3	>0.9	>0.9	>0.9	>0.9	<0.08
计算结果	197.57	0.00	125	1.581	0.95	0.98	0.98	0.95	0.037
判断结论	—	—	—	合理	较好	较好	较好	较好	合理

为了进一步验证因子结构,利用 Amos 20.0 对量表也进行了 CFA,如

图 5-1 所示。经过比较,发现两种方法结果非常相似,进一步验证了使用移动支付过程中,用户感知风险的维度构成。

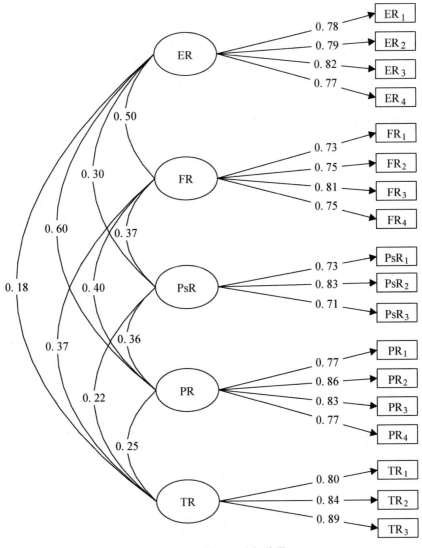

图 5-1 验证性因子分析结果

(三)高阶因子分析

对于一个测量模型,若在初阶因子之间存在共有的、更高阶的潜在因子,此种模型即为阶层测量模型(Hierarchical Measurement model),更高阶的潜在变量称为高阶因子(Higher-order Factor)。初阶因子之上的潜因子称为二阶因子。

本书中，以上研究仅验证了感知风险各个维度的因子结构，为了检验感知风险各维度与高阶因子之间的关系，需对高阶因子进行验证性分析。

利用 Amos 20.0 对各感知风险维度进行阶层验证性因子分析（Hierarchical Confirmatory Factor Analysis，HCFA）。由于高阶因子"感知风险"本身并没有指标变量，为了使高阶因素得以估计，将"感知风险"的方差设为1。高阶因子验证性分析结果如图 5-2 所示，显示出感知风险对于感知财务风险、感知绩效风险、感知隐私风险的解释力较强，而对感知心理风险和感知时间风险解释作用较低。高阶模型的拟合指数见表 5-13，表明模型拟合较好。

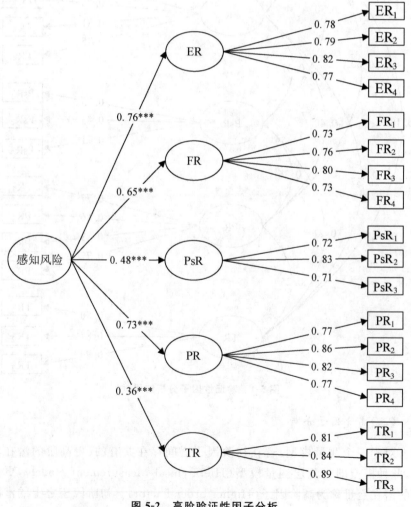

图 5-2　高阶验证性因子分析

表 5-13　高阶模型拟合优度指数

指标	卡方 χ^2	p	自由度	χ^2/df	NFI	NNFI	CFI	GFI	RMSEA
参考范围	—	—	—	<3	>0.9	>0.9	>0.9	>0.9	<0.08
计算结果	280.454	0.00	147	1.908	0.94	0.97	0.97	0.93	0.047
判断结论	—	—	—	合理	较好	较好	较好	较好	合理

第四节　小　　结

用户感知风险这一环境相关型的概念在不同的环境下所包含的维度不尽相同。本章探讨并验证了用户在移动支付环境下的感知风险的维度,经过规范的量表开发、问卷调查和实证研究,表明在移动支付环境下,用户感知风险主要包括感知经济风险、感知隐私风险、感知功能风险、感知心理风险、感知时间风险等维度,特别是消费者对隐私风险的担忧最有可能阻碍消费者使用移动支付,其次是感知财务风险和功能风险,对其他风险维度感知度较低。初阶验证性因子分析进一步验证了感知风险维度的存在性,而高阶验证性因子分析则表明了各自维度与感知风险之间的关系。

本章提供了移动支付环境下对用户感知风险测量的一个高质量的量表,并且分析了感知风险维度的结构,为进一步研究感知风险的前因及后果奠定了基础。

第六章　移动支付用户使用意向研究

随着移动互联网和智能手机的迅猛发展,移动支付也在生活中扮演了至关重要的角色。如何让用户更加习惯和高效地使用移动支付,也是国内各大移动支付运营商所关注的重点,因此探讨移动支付对用户购买行为意向的影响也越来越重要。这可以帮助运营商转变思路,准确布局,帮助商家与企业适应新变化,更好地服务于消费者。

本章以技术接受模型为基础、移动支付的特征为自变量、感知价值为中介变量来研究它们对消费者移动支付的购买意向的影响;同时通过对前人文献的梳理与回顾,构建研究模型,提出假设,设计相应的问卷;对相关变量做了定义并确立了对应的测量问项;结合深度访谈以及前测的结果,利用SPSS 22.0与AMOS 20.0统计分析软件对调查问卷进行相应的数据统计分析,通过信度效度分析验证问卷的有效性,并结合结构方程模型进行检验。

本章所得的研究结果显示:移动支付的便捷性、安全性、外部性显著影响消费者购买行为意向;移动支付显著影响感知价值;感知易用性、感知有用性、感知兼容性对消费者购买行为意向产生存在正向影响,而感知风险性对消费者购买行为意向产生没有显著影响。

第一节　移动支付特性

本书对移动支付的相关研究进行了总结,并整理了与部分使用移动支付的消费者的访谈结果,结合移动支付实际使用情况,认为移动支付具有以下几种鲜明的特性:

一、移动支付的便捷性

Poutsttchi(2003)认为在一般情况下,大多数用户都认为移动支付的成本性和便捷性是影响用户接受移动支付这一支付方式的主要因素。陈华平和唐军(2006)认为移动支付作为一种新的支付方式,有便捷、安全和可靠等优点。杨晨(2015)通过研究发现,相对于现金支付,消费者更偏向于刷卡这样更方便的支付方式。

便捷是移动支付最大的一个特点,也是移动支付的重要支撑。移动支付可以通过线上和线下多种付款方式(比如密码、指纹、二维码等)随时随地通过移动互联网或者无线网络这种全天都可用的技术手段进行交易。这不但节约了人们时间成本,避免了排队付款等不必要的等待和在消费时找零的麻烦,还能够大大降低随身携带现金遗失的风险。更有人乐观地表示,在不久的将来,手机移动支付一定会取代钱包的所有功能。

有数据显示,移动支付能够有效降低小微企业在交易中 1.05% 的成本,同时让他们的经营效率提高 10% 以上。这也从侧面说明移动支付正逐渐成为商家降低成本和提高效率的利器。移动支付不但可以让人们在生产生活中的支付方式更加便捷,而且能让全社会的交易成本更加接地气,使社会能够更加高效地运行。

同时智能手机的普及还可以帮助消费者对自己的消费和交易明细进行管理和查询,相当于移动的电子记账本。有些支付软件更是提供了本土化的特性,提供了相应的服务。由此可见,移动支付有助于消费者更好地为自我财富做规划。此外,移动支付能够有效降低消费者交易的地点限制所造成的空间成本和时间成本,展现了移动支付便利、快捷的特征。

二、移动支付的安全性

马涛(2005)通过研究证实,绝大多数消费者在使用移动支付的过程中最为看重的一个特性就是安全性。Schierz(2009)认为移动支付的使用安全性是移动支付的重要特征之一,安全性对用户能否接受移动支付存在显著的积极影响。杨水青等(2010)的研究认为移动支付的安全性会显著影响消费者的购买意愿。这说明只有消费者感知移动支付是安全的时候,对移动支付的态度才会是积极的。

移动支付的安全性是消费者最为看重的屏障。这说明网络信息的安全一直都是消费者最关注的话题,毕竟移动支付在人们的日常生活中经常被使用,对于关乎消费者自身利益的"金钱往来",自然会非常重视。但随着技术的不断升级和移动终端的不断更新换代,各大移动支付产品也是绞尽脑汁推出各种预防技术,比如设置几行防线(例如支付密码、手机密码、密码、动态验证码等),有些甚至还会叠加生物识别技术(例如指纹、声音、虹膜、人脸识别等)。

但总的来说,移动支付对于安全尤为重视。在确保自身安全的同时,也会确保用户的移动终端本身是否安全(没有植入木马,没有被监视),以及用户连接网络环境是否安全。我们有理由相信,只有移动支付具备完美的安全性,移动支付才能开拓更开阔的应用市场,才能获得更广博的发展前景,才能拥有更稳定的用户群体。

三、移动支付的外部性

移动支付的外部性由网络外部性这一概念引申而来。网络外部性这一概念是消费者经济学家 Rohlfs 最早提出。他在对电话服务的研究中指出网络外部性是需求方获得规模经济效益的根本,当一种产品或服务的使用次数随着使用者数量增多而相应增多时,那么称这种产品或服务具有外部性。也就是说在网络中用户的价值会随着群体数量的增加而增加。Katz 和 Shapiro(1985)在研究中对"网络外部性"这一概念做出了正式的定义。他们认为网络外部性就是消费者从某个技术中所获取的价值所得会随着使用同样技术的用户数量的增加而变得更多。这也从侧面说明使用该网络系统的人数越多,这个网络的潜在价值也就越大。Shapiro 和 Varuan(1999)认为如果使用同样技术(如某个网络)的用户的人数增加,会带动更多的人来使用这项技术,就称这种特性为外部性。如果没有使用这个网络的用户因为周围的人都使用这个网络从而愿意加入这个网络,则说明存在很强的外部性。

朱彤(2001)认为网络外部性主要是指消费者加入某网络后,他所得到的价值与在相同网络中的人数有密切的关系,而当这个网络中有其他的消费者加入时,大家都可以得到更多的价值,这更像是消费者行为的互补和从众。网络外部性无处不在,尤其是在通信等网络产业中,都存在由于受到消费者应用数量而引起的外部性。以应用范围很广的电子邮件为例,互联网就是电子邮件的传播载体,当电邮使用的人数越多时,大家通过电邮联系的次数也就越频繁,电子邮件就对所有使用它的人更有价值。又如以互联网为传播载体的网页游戏,在线玩家人数越多,游戏就越容易被推广,这样更多的新用户就会参与到这个游戏中来。类似的产品和现象在我们的生活中非常普遍。

引申到移动支付中,我们可以认为移动网络之间也存在相应的外部性,当部分消费者在使用移动支付的时候,会因为享受到各种折扣与鼓励金(如支付宝的扫码领红包活动,微信支付的满定额减定额活动),或是邀请新人可以获得更多的福利等额外价值的时候。就会向周围的人推荐使用移动支付,移动支付这种方式也更容易被传播开来,从而产生出价值的溢出效应。

因此,我们也认为移动支付拥有外部性。

第二节 用户感知价值维度

感知价值的概念源于消费者行为学领域,多数学者认为感知价值是顾客在购买和使用产品的整个过程中对所获得的效用与所付出的成本的权衡或比较,包括理性成分和感性成分。理性成分指消费者追求效用的最大化和偏好性,视产品为解决问题和达到消费目标的方法;感性成分则指消费者视消费为一种纯粹主观的意识形态,伴随着变化多样的象征意义、享乐反应和美感准则。理论与实践的研究表明,感知价值与动机、使用与满足理论存在密切的联系。动机是人们产生行为的驱动力,人们的需要是引致动机的基础和根源。

学界对于感知价值的研究已不再局限于价值本身,更多的开始聚焦在影响感知价值的驱动因素上面。尽管对于感知价值的定义和维度尚未达成完全的共识,但对于从感知利得性和感知利失性的角度去定义价值还是得到了大部分学者的认可。关于感知价值的定义在本书的第二章文献综述中已经进行了系统的整理,本章以此为出发点,认为感知有用性、感知易用性和感知兼容性属于感知利得性范畴,感知风险性属于感知利失性范畴。根据经典技术接受模型理论,个体对外部的接受影响因素主要有两个,即感知的有用性和感知的易用性。

一、感知有用性

Davis(1989)认为感知有用性主要是表示人们在针对某些程序或者技术应用过程中,感知到该程序或者技术能够对个人的业绩、效率产生一定帮助和提升的作用。也就是说个体使用某一项技术可以提高多大工作绩效的程度。Mallat(2007)曾研究过顾客对移动支付系统的接受行为,得出结论认为消费者支付系统的感知有用性对于消费者接受移动支付具有显著的优势,同时兼容性和网络外部性对运营商的信任有提高的作用。

二、感知易用性

Davis(1989)认为感知易用性主要表达的是人们在应用某些程序或者网络系统的过程中,感知到自身可以较为简单地应用该程序或者系统的便捷程度。也就是个体主观上认为学习使用某一项技术的容易程度和掌握程度。Venkatesh(2003)在研究移动支付时认为感知易用性是指用户感知到的在使用移动支付的过程中在多大范围内为自己所使用。Siau(2004)认为,感知易用性是指出现一个新事物所能被容易理解和使用的程度。在移动支付中,容易使用的程度会正面影响个体对其的接受程度。与之相反,不容易使用则会反向影响个体的接受程度。

在技术接受模型中,感知有用性与感知易用性能够显著地影响用户及使用者的使用行为,同时,外部变量能够通过对二者的影响进而影响用户的态度乃至最终的行为。由此可见,感知有用性与感知易用性对于使用者行为存在非常重要而深远的影响。

鲁耀斌(2006)认为移动网络具有特殊性,消费者的购买行为也就有主观性,在感知有用性和感知易用性之外,我们还应该考虑其他的因素。因此为了使模型具有更强的解释力和更大的适用性,本章在技术接受模型的影响因素上引入感知风险性和感知兼容性。所以在本章中,还会使用到的感知价值包括感知兼容性和感知风险性。

三、感知兼容性

许巍瀚(2003)认为使用移动支付时需要考虑到系统的兼容性、扩充性和远程性等技术性问题。其中兼容性包括所开发的软件和移动支付设备的兼容性,以及所开发的软件和移动网络的兼容性。Paul(2009)在对消费者使用移动支付影响因素意愿的研究中发现,感知的兼容性对消费者使用移动支付的意愿影响很大。杨水清等(2012)在其研究中提到在移动支付环境下,消费者感知正效应中的感知兼容性对移动支付的接受意愿存在正向的影响。

这说明随着智能手机等高科技产品的推陈出新,以及各种支付平台功能的不断调整和完善,移动支付的感知兼容性也逐渐成为影响消费者购买行为意向的重要因素。因此本书将感知兼容性作为一个新的感知变量来进一步地拓展技术接受模型。

四、感知风险性

Bauer(1960)认为在消费者的消费行为过程中必然存在着风险,在他们的消费过程中不可避免地会出现一些意外的结果,这属于是一种风险的承担,基于此他提出感知风险理论。Cox(1967)认为感知风险会影响个体的消费行为,当使用个体不确定消费的结果能否达成原先所设想的标准时,便会形成感知风险。其中包括使用者在开始消费行为前所感到风险的可能性和使用者在消费后个人对损失的利益所感受到损益的程度。Stone 和 Gronhaug(1993)在研究中对感知风险进行新的界定。他们从心理学的角度来研究个体的感知风险,他认为感知风险是一种对未来损失的衡量,个体对未来可出现损失的感受越强,那么个体心里所感受到的风险也就会越大。

通过对以上学者的研究成果,本章认为感知风险是个体在购买决策的过程中,内部环境的偶然性和外部环境的不稳定性都有可出现错误的购买决策,从而会带来不同程度的消极影响,而个体也会因此产生感知的风险。由此看来,感知风险也是移动支付用户在使用的过程中不可避免的一个重要因素,也会对消费者购买行为意向产生重要的影响。因此本书将感知风险性作为一个新的感知变量来进一步地拓展技术接受模型。

综上所述,本书所用到的感知价值维度有四个,分别是感知有用性、感知易用性以及在它们的基础上引入的感知兼容性和感知风险性。

第三节 用户使用意向模型选取

根据对消费者行为相关文献的整理,本章主要有以下几类模型可以作为消费者行为意向的理论研究基础。它们分别是理性行为模型、计划行为模型和技术接受模型。本书所使用的模型就是以技术接受模型为基础构建的,它是在理性行为模型和计划行为模型的基本上延伸而来。

一、理性行为理论模型

1975 年,Fishbein 和 Ajzen 通过研究提出理性行为理论(Theory of Reasoned Action,TRA)。理性行为理论认为个体的信念评估以及对规范信念的接受愿望会影响个体的态度和主观规范,而个体的态度和主观规范又会影响个体行为意向的产生,行为意向的产生最终会影响个体的行为。理性行为理论的主要目的是用来解释和预测个体的态度如何影响个体的行为,关注点在态度形成过程。理性行为理论模型如图 6-1 所示。

理性行为理论是研究消费者行为的一个基本模型。这个模型主要有两个前提假设,第一个是个体是否会因为某个影响因素而使用某种行为,第二个是个体在使用这种行为前会不会考虑到其所带来的后果。该理论还指出外部因素是通过"态度"和"主观规范"来影响个体的行为。理性行为理论是研究消费者行为最早的理论模型,为后来的计划行为理论和技术接受理论的发展和出现奠定了很好的基础。

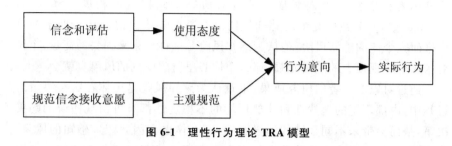

图 6-1 理性行为理论 TRA 模型

二、计划行为理论模型

在随后的研究中,Ajzen 以理性行为理论为基础,提出了计划行为理论(Theory of Planned Behavior,TPB)。计划行为理论认为,个体的行为会受到行为意向的影响,行为意向又会受到三个因素的影响,分别是行为态度、主观规范和感知行为控制。而这三个因素又分别受到行为信念、规范信念和控制信念的影响。表达出个体行为的产生取决于个体行为的动机这一理念。如图 6-2 所示。

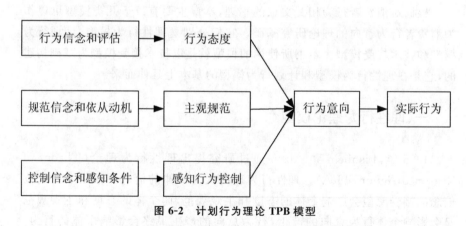

图 6-2 计划行为理论 TPB 模型

计划行为理论将社会影响引入对个人行为作用的影响,增强了模型预测个体行为的准确性,从一种创新的角度来研究消费者行为,为研究个体行为提供了一个实用的理论框架,对于预测个体行为意向和行为具有很好的解释性。计划行为理论也是分析消费者行为的主要理论。但是与理性行为理论相同,计划行为理论也是一种一般化的模型,在实际应用中必须要考虑外在的相关影响因素。因此很多研究会根据所要研究的特点合理参考这个理论。

三、技术接受理论模型

1989 年,Davis. F. D 提出技术接受模型(Technology Acceptance Model,TAM)。虽然之前的理性行为理论和计划行为理论得到了广泛的应用,然而它们只能在自愿行为的前提条件之下才表现出较好的预测结果,当受到外部影响因素的影响的时候,理性行为理论就有可能无法有效地解释个体行为。Davis 综合借鉴了这两种理论,通过纵向的研究,精简之前的原始模型,使之能更好地预测和解释个体的行为。

在该模型下,使用者的行为意向决定了个体是否产生使用行为。个体的使用行为会受到个体行为意向的影响,行为意向则受个体对系统感知有用性与感知易用性的态度支配,而感知有用性和感知易用性又会受到外部因素的影响。总体来说就是外部因素会对个体的行为产生影响。

在技术接受模型中,感知有用性和感知易用性是两个核心因素。感知有用指的是在使用系统以后感知工作效率得到了提升,个体的感知有用取决于外部变量与个体感知的使用。感知易用即感知到使用的方便,指的是使用者通过系统感知工作的努力程度和持续时间得到降低,理论模型如图6-3 所示。

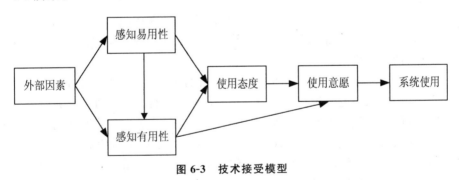

图 6-3　技术接受模型

Davis 还在模型中引入外部变量来完善研究的变量。外部变量主要说明不同个体之间存在的广泛的不同感知以及外部环境因素所造成的差异。这些变量也涵盖了多方面的因素,比如变量本身拥有的特性等,通过对技术接受模型中用户的态度和行为意愿以及外部环境变量的差别来构建相关的关联性。在技术接受模型中,感知有用性与感知易用性能影响用户及使用者的使用行为,同时,外部变量能够通过对二者的影响进而影响用户的态度乃至最终的行为。由此可见,个体的使用态度决定最终的实际使用行为。感知有用性与感知易用性对于消费者行为的影响有着非常重要的影响。

技术接受模型的应用十分广泛,它结构简洁,简单易操作,可靠性强,成为研究消费者行为的经典理论模型。但同样技术接受模型也有一定的局限性,毕竟除了感知有用性和感知易用性还有更多的影响因素。因此在做研究时,一般都会在技术接受模型的基础上加入其他因素进行对模型的进一步改进。

因此本章也以普适性相对比较好的技术接受模型为基础,结合之前的研究方向,根据移动支付的特性引入移动支付的三个维度,即移动支付的便捷性、移动支付的安全性和移动支付的外部性。根据感知价值理论在感知有用性和感知易用性的基础上引入感知兼容性和感知风险性四个中介变量,同时建立模型,提出假设。

第四节　维度指标的选取

一、移动支付的维度选取

本章研究的主要内容是移动支付特性对消费者购买行为意向的影响。关于移动支付的用户接受模型已经受到了许多学者的各个角度的研究。目前的研究中移动支付的维度较多。许多学者都从不同的角度给出了关于移动支付的各个维度。

Kanffman(2000)通过对电子银行网络的研究,认为电子银行的网络外部性广泛地在与电子银行的共通网络中出现。因此证明了外部性是影响网络接受的一个重要因素。延伸到移动网络,也可以认为移动网络的外部性可以作为其维度之一。Heijden(2002)在研究基础上,提出移动支付的便捷性的特征,这说明移动支付的方便随时和它的广泛应用为购买行为的发生提供了有力的保障。杨永青等(2011)曾以便利性、交互性、外部性等变量研究了移动支付用户接受行为。邓朝华、鲁耀斌和张金隆(2007)在研究移动环境下消费者手机短信服务的使用行为时发现,手机网络的外部性对消费者实际使用行为有显著的影响。

在实际生活中,支付的转账、游戏圈互动、鼓励金制度等传播功能都具有很好的网络外部性功能。移动支付也是互联网金融发展的重要组成部分,代表未来的支付和结算的潮流,备受媒体广泛关注。同时,为了进一步探索消费者对移动支付的态度,我们选取郑州某大学城 3 所院校 30 位同学作为消费者进行访谈,每人进行约 10 分钟的开放式访谈。通过交流和沟通,本书最终确定出移动支付特性的三个有效维度,即移动支付的便捷性、移动支付的安全性和移动支付的外部性。

二、感知价值维度选取

在技术接受模型中主要涉及的是感知有用性和感知易用性两个变量。然而 Taylor 和 Todd(1995)认为虽然技术接受模型很简洁,使用起来也很方便,但只用技术接受模型来研究感知易用性和感知有用性无法有效地解释消费者的使用行为。因此在使用技术接受模型作为理论基础时,应加入其他的因素以提升模型的解释能力。Engel(1995)研究认为消费者产生购买行为首先是通过获得感知开始的,其中态度为中介途径,并最终影响到行为。所以外部的变量必然要经过消费者的感知价值,再影响消费者的行为。Cheong J H(2005)用技术接受模型进行韩国用户对移动网络的接受程度的研究,发现影响用户对移动网络的接受程度的因素有感知易用性、感知有用性和感知趣味性等。Kim Hee-Woong 和 Hock Chuan(2007)在研究移动互联网的感知价值时,把感知价值分为感知利得和感知利失,其中感知利失包括感知的风险性。

沈明刚(2006)认为移动支付作为一种以网络为载体的新型支付方式,同传统的一些支付方式一样,也会出现意外,比如遗失移动终端、智能手机中毒被盗刷等风险。因此感知风险也是消费者接受和使用移动支付的一个重要方面。

同时,为了进一步探索消费者对感知价值的态度,我们同样用访谈的方法选取郑州某大学城 3 所院校的 30 位同学作为消费者进行访谈,每人进行约 10 分钟的开放式访谈。通过交流和总结,最终确定出本书所使用的感知价值的四个有效维度,分别是感知有用性、感知易用性、感知兼容性和感知风险性,并把它们都纳入本书所涉及技术接受模型中,以此为基础构建本书所要研究的模型。

第五节　研究模型及假设

一、理论模型

从上述梳理可知,技术接受模型有着坚实的理论基础,易于实际操作,能够有效预测和解释消费者使用行为。本书将以技术接受模型为主要框架,来研究影响移动支付和感知价值对消费者购买行为意向的影响。本书理论模型如图 6-4 所示。

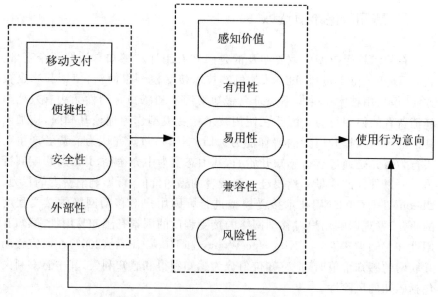

图 6-4　移动支付用户使用意向理论模型

模型中的变量分别是:①移动支付是自变量。其中的三个维度是根据相关文献和访谈结果总结出来的,分别是移动支付的便捷性、移动支付的安全性和移动支付的外部性。②感知价值是中介变量。其中的四个维度主要是根据相关理论和文献进行总结,同时以访谈结果作为参考,本书将感知价值分为感知有用性、感知易用性、感知兼容性和感知风险性。③使用行为意向是因变量。本书主要考察自变量移动支付对因变量消费者购买意愿的影响以及中间变量是否有中介作用。

二、研究假设

自变量移动支付的三个特性包括移动支付的便捷性、移动支付的安全性、移动支付的外部性;中介变量感知价值包括感知有用性,感知易用性,感知兼容性和感知风险性。因变量是消费者使用行为意向。本书的假设依次是自变量移动支付对因变量消费者使用行为意向的相关假设,自变量移动支付对中介变量感知价值的相关假设以及中介变量感知价值对因变量消费者使用行为意向的中介效应假设。

（一）移动支付与消费者行为意向的相关假设

根据研究表明，大多数人在购买商品时都是仓促的，因此支付的便利性对消费者的使用行为影响很大，支付的便捷性会减少支付时间的长短，这将直接关系使用行为的转化率。石增玖（2008）通过问卷调查的方法，对使用移动支付方式的消费者进行调查和研究。结果表明，移动支付的便捷性是消费者在选择移动支付过程中最为在意的一个因素。刘超（2008）在对移动支付使用意愿的研究中认为支付安全性会对用户的使用意愿产生正向影响，也就是说当用户感知到风险的时候会降低其使用意愿。唐芙蓉（2008）在研究中认为系统安全性和网络外部性是影响消费者使用移动支付的重要因素，系统安全性和网络外部性越强，则使用意向就越大。安娜（2010）在研究中证明了系统安全性、移动性等因素会对消费者使用移动支付的意愿增强。王涯薇（2012）以网络外部性为外部变量，在基于 TAM 模型研究中对团购参与意愿进行实证研究发现，当团购的购买人数较多，即外部性较强时，参与团购的人群购买的意愿也相应地增强。同时消费者感知有用性、易用性更强，风险性更小，会更加愿意。孙永波（2014）在研究网络情况下消费者使用行为因素的时发现，在支付流程中的支付信息安全性和支付方式操作的便捷性对使用行为意向有显著影响。杨晨（2015）在研究中发现，在使用刷卡支付的时候，消费者花钱的数目明显大于使用现金支付时的情况。这说明，在支付环节中，移动支付的安全性、便捷性和外部性都对交易成败存在着重要影响，也能给消费者带来不同的消费体验。

所以本书提出如下假设：

H_1：对消费者行为意向来说，移动支付对其存在显著正向影响；

H_{1a}：对消费者行为意向来说，移动支付的便捷性对其存在显著正向影响；

H_{1b}：对消费者行为意向来说，移动支付的安全性对其存在显著正向影响；

H_{1c}：对消费者行为意向来说，移动支付的外部性对其存在显著正向影响。

（二）移动支付与消费者感知有用性的相关假设

Heijden（2002）在其研究中指出通过以互联网为媒介的移动支付方式给消费者的交易带来了与以往不同的便利，同时提高了结算的效率。Wang等（2004）认为当移动支付外部性使得用户数量增多，这有利于吸引新用户加入移动支付系统，使得新用户和老用户在互相交流的过程中都能感知到有用。并且交流得越多,新用户越会认为移动支付不难使用,越有可能对使用移动支付产生积极的态度。同时研究还表明,如果一个网络系统有更多的用户参与,那么用户就会对数量多的网络系统有更高的安全感,这更像是一种集体行为,系统的安全性对消费者选择而言是一个重要的保障。

所以本书提出如下假设:

H_2:对感知有用性来说,移动支付会对其存在显著正向影响;

H_{2a}:对感知有用性来说,移动支付的便捷性会对其存在显著正向影响;

H_{2b}:对感知有用性来说,移动支付的安全性会对其存在显著正向影响;

H_{2c}:对感知有用性来说,移动支付的外部性会对其存在显著正向影响。

(三)移动支付与消费者感知易用性的相关假设

Venkatesh 和 Goyal(1997)基于以往的研究证明网络系统的操作设置和性能会对感知有用性和易用性呈显著正向影响。Wang 等(2004)将网络外部性理论与技术接受模型整合起来研究网络即时通讯服务的用户接纳问题,结果表明网络外部性对感知的易用性存在显著的影响。移动支付普遍操作简单,界面易懂,显著节省了消费者的使用时间,使得消费者能在很短的时间里完成支付。

所以本书提出如下假设:

H_3:对感知易用性来说,移动支付会对其存在显著正向影响;

H_{3a}:对感知易用性来说,移动支付的便捷性会对其存在显著正向影响;

H_{3b}:对感知易用性来说,移动支付的安全性会对其存在显著正向影响;

H_{3c}:对感知易用性来说,移动支付的外部性会对其存在显著正向影响。

(四)移动支付对消费者感知兼容性的相关假设

Paul(2009)在研究消费者使用移动支付时都有哪些影响因素时认为,移动支付会影响兼容性,使得感知的兼容性对消费者产生很强烈的使用意愿。消费者在使用移动支付时,也会首先考虑自己的移动支付软件是否与已有的银行卡等账户的兼容性绑定。使用移动支付的人群也会很在意与不同支付平台的兼容。

这说明移动支付的出现弥补了传统支付方式的不足,但移动支付软件所增加的相关服务和功能需要与消费者的生活方式与使用习惯进行不断地调整和兼容。所以本书提出如下假设:

H_4:对感知兼容性来说,移动支付会对其存在显著正向影响;

H_{4a}:对感知兼容性来说,移动支付的便捷性会对其存在显著正向影响;

H$_{4b}$：对感知兼容性来说，移动支付的安全性会对其存在显著正向影响；

H$_{4c}$：对感知兼容性来说，移动支付的外部性会对其存在显著正向影响。

（五）移动支付对消费者感知风险性的相关假设

朱阁（2011）在研究中证明消费者会感知到消费本身所带来的风险的影响，当消费者感知到消费会带来风险的时候，他们多半不会选择继续消费。而移动支付本身所具有的特性会显著减少消费者的支付时间，提高支付的效率，降低支付的风险性，使消费者感知到的风险变少。杨水清、鲁耀斌、曹玉枝（2012）在研究中提到，在移动支付的使用环境下，消费者感知负效应中的感知风险性对移动支付的接受意愿有负向的影响。所以本书提出如下假设：

H$_5$：对感知风险性来说，移动支付会对其存在显著负向影响；

H$_{5a}$：对感知风险性来说，移动支付的便捷性会对其存在显著负向影响；

H$_{5b}$：对感知风险性来说，移动支付的安全性会对其存在显著负向影响；

H$_{5c}$：对感知风险性来说，移动支付的外部性会对其存在显著负向影响。

对于中介变量感知价值来说，它与消费者行为意向的关系也很紧密。从目前已有的研究来看，消费的感知价值会显著影响着消费者的使用行为，有部分研究证实在移动互联网络的环境下，消费者在进行支付时，会产生强烈的购买欲望。因此我们对于感知价值与消费者行为意向做出相关假设。

（六）感知有用性与消费者行为意向的相关假设

Taylor（1974）通过大量研究证明感知有用性是个体使用一个新技术或新模式最为看重的因素之一。Davis（1989）在技术接受模型中指出，感知有用性是模型的核心要素之一，当一个新的技术越容易被接受时，大家对这项新技术的使用态度会更加有兴趣。同时他还认为，感知有用性对一项新技术的选择和使用都存在积极影响。钟小娜（2005）通过研究得出，消费者的感知有用性越高，他们的使用意愿就越显著。谢滨等（2009）通过研究消费者对手机银行的使用态度，证实感知易用性对其有显著的影响。所以本书提出如下假设：

H$_6$：对消费者使用行为意向来说，消费者的感知有用性会对其存在显著的正向影响。

（七）感知易用性与消费者行为意向的相关假设

Cha 和 Lai（2003）在探讨消费者使用在线支付的影响因素时发现感知

的易用性是影响消费者使用在线支付的重要因素。Linck(2006)在研究中通过访谈使用过移动支付的消费者,最终得出的结果是消费者倾向于简洁易用的支付服务。也就是说消费者更喜欢感知易用性较强的支付服务。施华康(2006)在一项针对移动支付的研究中认为,操作简单的移动支付系统能显著提高消费者对移动支付的使用行为,也就是说用户对移动支付了解越多,越有可能使用移动支付这个支付方式。所以本书提出如下假设:

H₇:对消费者使用行为意向来说,消费者的感知易用性会对其存在显著的正向影响。

(八)感知兼容性与消费者行为意向的相关假设

Ettlieetal(1984)通过实证研究发现兼容性与使用态度正相关。如果一项新技术能与社会普遍的价值观或标准兼容,那么它会更容易得到消费者正面的态度。Lee等(2003)研究了用户对移动银行的接受问题,结果发现用户对移动银行需求的感知兼容性对用户的接受态度存在正向的关系。Chen(2008)通过研究使用手机支付的情形下消费者的使用意愿时,得出的结果是除了感知有用性和感知易用性,感知的兼容性也会影响消费者使用意愿。Schierz(2010)等通过研究发现感知兼容性会正向影响消费者使用移动支付的使用态度。这说明感知兼容性也可以加入原始的技术接受模型中去。所以本书提出如下假设:

H₈:对消费者使用行为意向来说,消费者的感知兼容性会对其存在显著的正向影响。

(九)感知风险性与消费者行为意向的相关假设

Mathieson(1991)在对电子商务进行研究时发现消费者感知网络隐私风险和感知安全风险是企业打通消费者电子商务形式的主要障碍。Forsythe(2003)在研究网络中的感知风险时发现,消费者在进行网购时如果感知到有风险,则会影响他们在网上的使用行为。Chen 和 He(2003)在对移动支付使用意愿进行研究时证明,当消费者的感知风险越小时,移动支付方式越容易被使用。陈华平(2006)通过整合型技术接受模型进行实证分析证明,风险的感知对移动支付的使用意愿有消极影响。用户对风险的担忧是移动支付发展的最大障碍。只有当消费者感知到移动支付风险性很小时,对移动支付的使用意向才会是积极的。所以本书提出如下假设:

H₉:对消费者使用行为意向来说,消费者的感知风险性会对其存在显著的负向影响。

综合以上分析,本书整理了相关假设,假设汇总见表 6-1。

表 6-1　研究假设汇总

编号	研究假设
H_1	对消费者行为意向来说,移动支付对其存在显著正向影响
H_{1a}	对消费者行为意向来说,移动支付的便捷性对其存在显著正向影响
H_{1b}	对消费者行为意向来说,移动支付的安全性对其存在显著正向影响
H_{1c}	对消费者行为意向来说,移动支付的外部性对其存在显著正向影响
H_2	对感知有用性来说,移动支付会对其存在显著正向影响
H_{2a}	对感知有用性来说,移动支付的便捷性会对其存在显著正向影响
H_{2b}	对感知有用性来说,移动支付的安全性会对其存在显著正向影响
H_{2c}	对感知有用性来说,移动支付的外部性会对其存在显著正向影响
H_3	对感知易用性来说,移动支付会对其存在显著正向影响
H_{3a}	对感知易用性来说,移动支付的便捷性会对其存在显著正向影响
H_{3b}	对感知易用性来说,移动支付的安全性会对其存在显著正向影响
H_{3c}	对感知易用性来说,移动支付的外部性会对其存在显著正向影响
H_4	对感知兼容性来说,移动支付会对其存在显著正向影响
H_{4a}	对感知兼容性来说,移动支付的便捷性会对其存在显著正向影响
H_{4b}	对感知兼容性来说,移动支付的安全性会对其存在显著正向影响
H_{4c}	对感知兼容性来说,移动支付的外部性会对其存在显著正向影响
H_5	对感知风险性来说,移动支付会对其存在显著负向影响
H_{5a}	对感知风险性来说,移动支付的便捷性会对其存在显著负向影响
H_{5b}	对感知风险性来说,移动支付的安全性会对其存在显著负向影响
H_{5c}	对感知风险性来说,移动支付的外部性会对其存在显著负向影响
H_6	对消费者使用行为意向来说,消费者的感知有用性会对其存在显著的正向影响
H_7	对消费者使用行为意向来说,消费者的感知易用性会对其存在显著的正向影响
H_8	对消费者使用行为意向来说,消费者的感知兼容性会对其存在显著的正向影响
H_9	对消费者使用行为意向来说,消费者的感知风险性会对其存在显著的负向影响

第六节　问卷设计及前测

一、问卷设计

调查问卷是本书收集信息的主要方法和途径，问卷设计的质量直接关系到本书的结论的正确性与有效性，因此问卷设计是本书的一个重要环节。根据以往的研究经验，在测量因素时运用相关度比较高且经过验证的变量，那么它所得到的路径系数与拟合指标会与模型的总体相关性更强。所以本书决定使用已检验过同时可信度也较高的测量题项。在本书中，所有变量因子的测量题项都改编自移动支付和感知价值以及消费者行为等相关文献中经常被使用的成熟量表。

对于因子测量题项数目的选取，一般的研究认为，某个因子的测量题项越多，它的概念本身就越有可能得到全面的反映。如果一个模型在统计学被更好地检验和识别，那么这个模型所需要拥有变量的测量题项至少为三个。但同时测量题项数目也不能过多，如果测量题项的数目过多，就会使数据收集的分析难度变大，后期拟合优度检验效果可能会下降，这样便不符合研究的实际需要。因此，一般的模型中最合适的测量题项数目为三个或四个。所以本书为模型所需的每个变量的初始选择都是三个或四个测量题项。

（一）移动支付量表的设计

本书大部分变量的测度题项都参考于已有的资料和文献。其中移动支付问卷的题项主要参考 Kim(2009)，Wang(2010)，Shapiro(2013)等提出的量表，同时结合了管筱星(2014)等使用过的量表，包括 10 个题项。本书根据实际情况进行了整理和改编，现将移动支付量表的所有测量题项整理见表 6-2。

（二）感知价值量表的设计

感知价值的问卷测量题项主要参考了 Murray(1990)，刘家乐(2012)，杨永清(2012)的主要问卷题项。其中感知有用性和感知易用性的测量参考了 Davis(1989)，Zeithaml(1996)，Taylor(1995)，Bhattacheijee(2000)等使用的量表,感知兼容性测量参考了 Hsu 等(2006)和刘家乐(2012)使用的问卷,感知风险性的测量主要参考了 Pedersen(2005)使用的测量问卷。总共包括 14 个题项。本书根据实际情况进行了整理和改编,现将感知价值量表所有测量题项整理见表 6-3。

表 6-2　移动支付测量量表

维度	题号	测量题项
便捷性	A_{11}	我认为移动支付可以随时随地购买商品或服务
	A_{12}	我认为移动支付可以帮助我管理现金账户
	A_{13}	我认为移动支付设备携带方便
	A_{14}	我认为移动支付在超市等实体店购物,付款更便利
安全性	A_{21}	我认为使用移动支付很安全
	A_{22}	我认为移动支付能很好地保护个人隐私性
	A_{23}	我认为移动支付账户的安全保障措施很多
外部性	A_{31}	如果周围人都在使用移动支付,我会尝试使用
	A_{32}	如果周围人或商铺推荐我使用移动支付,我会尝试使用
	A_{33}	我认为使用手机移动支付是一种潮流和趋势

表 6-3　感知价值测量量表

维度	题号	测量题项
感知有用性	B_{11}	我认为使用移动支付节约了时间和费用
	B_{12}	我认为使用移动支付省去了去固定网点充值缴费的麻烦
	B_{13}	我认为使用移动支付提高了生活品质
	B_{14}	我认为使用移动支付是对我有用的
感知风险性	B_{21}	我认为学习使用移动支付不会花费我太多时间和精力
	B_{22}	我认为操作使用移动支付对我来说很容易
	B_{23}	我认为移动支付/交易的操作过程快捷流畅
	B_{24}	我认为移动支付操作界面的设计简洁易懂
感知易用性	B_{31}	我认为移动支付适合我的个性和习惯
	B_{32}	我认为移动支付能帮助我提高生活和工作效率
	B_{33}	我认为移动支付可以代替其他类型的支付方式(例如现金等)

续表

维度	题号	测量题项
感知 兼容性	B_{41}	我认为在使用移动支付时会担心账户中的资金不安全
	B_{42}	我担心商家或支付服务商会收集并利用我的个人信息
	B_{43}	我担心如果使用移动支付发生交易差错时得不到相应的补偿

(三)消费者行为意向量表的设计

本书中对使用行为意向的测量,主要参照 Pedersen(2003),温石松(2002),刘家乐(2012)的文献中的量表,总共包括 4 个测量题项。本书根据实际情况进行了整理和改编,现将消费者行为意向变量的所有测量题项整理见表 6-4。

表 6-4　消费者行为意向测量量表

维度	题号	测量题项
使用行 为意向	C_1	当我打开移动支付应用浏览时,我会有买东西的想法
	C_2	当我的移动支付账户有可支配的金钱,我会有买东西的想法
	C_3	我会向周围的人推荐使用移动支付功能
	C_4	我愿意继续使用移动支付账户来进行支付

二、问卷前测

本书先根据所要研究的研究模型设计了问卷初稿,根据李克特量表(Liken scale)法,对模型中的每个影响要素设计 5 个指标进行衡量,让被访问者对每个要素的 5 个指标水平进行打分,要求答题者根据自己的实际情况来回答,依次选择强烈不同意、非常不同意、不同意、不确定、同意、非常同意等 5 项。

首先对问卷进行了预检验,通过对小部分人群的发放来收集结果,对不符合要求的测量题项进行了删减或整理,这样可以保证问卷的信度与效度,更加准确地进行测量,为以后问卷大规模发放提高效率。本问卷使用微信线上推送的方式,最终收回有效问卷数量为 106 份。

(一)信度分析

目前大部分研究对问卷一致性检验的方法是用李克特量表的克隆巴赫

信度系数(即 Cronbach's α)和校正的项总计相关性(Corrected Item-Total Correlation)来对量表质量进行评价。对于校正的项总计相关性来说,它的选择标准是校正后的总相关系数要大于 0.4,如果小于 0.4 就要对此测量题项进行相对应的处理。本书对问卷测量题项的选择标准也是使用校正的项总计相关性。Cronbach's α 系数值如果在 0.8 以上,则说明检测的信度较好;如果系数小于 0.8 而大于 0.7,那么说明量表也是可以接受;如果小于 0.7 大于 0.6,说明该量表需要进行修正;但如果 Cronbach's α 系数小于 0.6,说明该量表不适用于检验,应该重新设计测量题项。而校正的项总计相关性,此指标用于判断题项是否应该作删除处理,如果值小于 0.3,则通常应该考虑将对应项进行删除处理;如果个别"α 系数"值小于 0.6 但是高于 0.5,则说明综合整体信度可接受。至于项已删除的 Alpha 值,此指标用于判断题项是否应该作删除处理,如果该值明显高于"α 系数"值,此时应该考虑将对应项进行删除处理(见表 6-5)。

表 6-5 各维度测量量表的信度分析结果

维度	测项	校正的项总计相关性	项已删除的 Cronbach's α 值	α 值
便捷性	A_{11}	0.749	0.746	0.825
	A_{12}	0.591	0.879	
	A_{13}	0.828	0.739	
	A_{14}	0.759	0.751	
安全性	A_{21}	0.529	0.348	0.613
	A_{22}	0.609	0.201	
	A_{23}	0.178	0.809	
外部性	A_{31}	0.838	0.714	0.821
	A_{32}	0.737	0.696	
	A_{33}	0.708	0.846	
感知有用性	B_{11}	0.722	0.849	0.861
	B_{12}	0.722	0.807	
	B_{13}	0.750	0.836	
	B_{14}	0.787	0.802	

续表

维度	测项	校正的项总计相关性	项已删除的 Cronbach's α 值	α 值
感知易用性	B_{21}	0.409	0.872	0.804
	B_{22}	0.781	0.683	
	B_{23}	0.716	0.714	
	B_{24}	0.645	0.742	
感知兼容性	B_{31}	0.662	0.670	0.785
	B_{32}	0.706	0.636	
	B_{33}	0.534	0.830	
感知风险性	B_{41}	0.605	0.815	0.818
	B_{42}	0.788	0.638	
	B_{43}	0.634	0.791	
行为意向	C_1	0.724	0.692	0.753
	C_2	0.573	0.689	
	C_3	0.504	0.721	
	C_4	0.538	0.754	

从上表可以发现，移动支付各维度的 α 系数均大于 0.6，但其中 A_{23} 测量题项的校正的项总计相关性却小于 0.4，不符合要求。因此，本书决定将在移动支付的问卷量表中删除 A_{23} 项。感知价值各个维度的 α 系数均大于 0.7，但其中 B_{21} 题项和 B_{33} 题项的校正的项总计相关性小于 0.6。因此尝试删除这两项，再进行运算，看看会不会提高 α 系数。删除后，再对其他的观测题项进行新一轮的信度分析。修正后测量量表信度分析结果见表 6-6。

表 6-6 修正后各维度测量量表的信度分析结果

维度	测项	校正的项总计相关性	项已删除的 Cronbach's α 值	α 值
便捷性	A_{11}	0.749	0.746	0.825
	A_{12}	0.591	0.879	
	A_{13}	0.828	0.739	
	A_{14}	0.759	0.751	

续表

维度	测项	校正的项总计相关性	项已删除的 Cronbach's α 值	α 值
安全性	A_{21}	0.688		0.809
	A_{22}	0.688		
外部性	A_{31}	0.838	0.714	0.821
	A_{32}	0.737	0.696	
	A_{33}	0.708	0.846	
感知有用性	B_{11}	0.722	0.849	0.861
	B_{12}	0.722	0.807	
	B_{13}	0.750	0.836	
	B_{14}	0.787	0.802	
感知易用性	B_{22}	0.725	0.795	0.866
	B_{23}	0.745	0.788	
	B_{24}	0.794	0.853	
感知兼容性	B_{31}	0.712		0.830
	B_{32}	0.712		
感知风险性	B_{41}	0.605	0.815	0.818
	B_{42}	0.788	0.638	
	B_{43}	0.634	0.791	
行为意向	C_1	0.724	0.692	0.753
	C_2	0.573	0.689	
	C_3	0.504	0.721	
	C_4	0.538	0.754	

　　从上表可以发现,删除 A_{23} 测量题项后的移动支付量表的阿尔法值均大于 0.8,说明删除 A_{23} 测量题项后的结果更加符合本书的要求,因此,本书决定在移动支付量表中删除 A_{23} 题项。从上表可以发现,删除 B_{21} 和 B_{33} 两个题项之后,感知价值表信度均大于 0.8,具有非常好的信度。所以本书决定删除 B_{21} 题项和 B_{33} 题项。

(二)效度分析

　　效度是衡量问卷测量题项所测得目标的程度,一般都会采用 KMO 值

(Kaiser-Meyer-Olkin-Measure of Sampling Adequacy)和 Bartlett 球形检验(Bartlett Test of Sphericity)两项指标进行检验。一般认为,当 KMO 值大于 0.7,同时 Bartlett 球形检验水平低于 0.05(即:Sig. <0.05)时,问卷具有良好的效度,效度分析见表 6-7。

表 6-7　量表效度分析

指标		检验值
KMO 值		0.777
Bartlett 球形检验	近似卡方 χ^2	2842.596
	自由度 df	861
	临界值 Sig	0.000

通过表 6-7 可以看出,本书问卷的 KMO 值为 0.777,大于 0.7,说明该样本效度比较好;同时 Bartlett 球形检验结果显著,这说明因子之间的关系并不是完全的独立,而是存在一定的相关关系。

第七节　数据分析与结果

为了高效地收集问卷,提高问卷的有效数量使之具备更高的代表性,本书选取的样本为郑州某大学城三所高校的在读在校生和在读 MBA 学生(包括全日制和在职)。对于在读学生本书部分是利用学生的休息时间采取课下发放纸质问卷填写的形式,部分是采用了线上手机扫码填选的方式。总共发放问卷 268 份。去除一些填写不完整或者漏题的问卷,最后有效的问卷数量为 236 份,有效问卷的回收率为 88.1%。井润田等(2008)认为,问卷回收率一般达到 50% 就可以基本满足需求,达到 60% 的时候较为理想,达到 70% 的时候就会非常理想。所以本书的研究问卷总数量比较符合要求。

一、描述性统计分析

(一)样本对象描述性统计

样本对象的描述性统计可以对研究对象的基本情况有一个大致的了

解,也可以对样本人群有一个直观的认识,并据此分析出此次收集到的样本
代表性的高低。本书的研究将从以下几个方面进行测量,包括性别、年龄、
教育程度、使用移动支付的时间、使用移动支付的次数、每月使用移动支付
占总支出的比例等几个部分。具体结果见表6-8。

表6-8 样本特征描述性统计分析

样本特征	特征值	样本数	所占比例%	累计百分比%
性别	男	123	45.9	45.9
	女	145	54.1	100
年龄	18岁以下	5	1.87	1.87
	18~24岁	137	51.12	25.99
	25~30岁	101	37.69	90.68
	31岁以上	25	9.32	100
教育程度	专科及以下	26	9.7	9.7
	本科	142	53.0	62.7
	硕士(含MBA)	97	36.2	98.9
	博士及以上	3	1.1	100
使用时间	1年及以下	14	5.2	5.2
	1~2年	35	13.1	18.3
	2~3年	49	18.3	36.6
	3年以上	170	63.4	100
占总支出比	10%以下	17	6.3	6.3
	10%~20%	50	18.7	25
	20%~50%	78	29.1	54.1
	50%~90%	54	20.1	74.1
	90%以上	69	25.7	100

其中,从男女比例来看,男性45.9%,女性占54.1%。男女比例接近说
明本书所收集样本的性别比例相对均衡,同时也符合大众印象中女性是购
物主力的印象,样本相对客观合理。从受教育程度来看,90.3%的样本均为
本科及以上学历,由于对于移动支付需要手机进行,因此对其的操作要具有
一定学习能力,样本的学历较高也是比较贴切客观情况的。故此次样本的

学历分布也在合理范围之内。

样本的年龄层主要集中在 18～30 岁之间，该类人群属于年轻化的群体，比较容易接受新事物和学习新模式，与实际客观情况类似，因此在该年龄层占大多数属于合理范围。从使用时间上来看，94.8％的人群使用时间超过一年；从每月使用移动支付占总支出的比例来看，有 75％人群占比超过 20％以上，这些说明对这部分人群来说，移动支付已经成为购买物品时的主要支付习惯。因此本书的样本符合本书所要研究的目标人群，毕竟只有使用时间过长的人群才能对移动支付有更准确的感知性。由上述表格可知，本书的调查对象和本书的目标人群的设定基本一致，所以本书的调查结果具有很大的参考价值。

（二）量表各题项描述性统计

通过对 268 份的问卷调查，本书使用 SPSS 22.0 对本书量表的所有测量题项继续进行各个测量题项的描述性统计分析，其中包括极小值、极大值、均值、标准差、偏度和峰度。分析后的结果见表 6-9。

表 6-9　量表题项描述性统计分析

测项	N	极小值	极大值	均值	标准差	偏度		峰度	
						统计量	标准误差	统计量	标准误差
A_{11}	268	1	5	4.21	4.21	−0.633	0.149	3.907	0.297
A_{12}	268	1	5	3.75	3.75	−0.675	0.149	0.297	0.297
A_{13}	268	1	5	4.29	4.29	−1.493	0.149	3.792	0.297
A_{14}	268	1	5	4.43	4.43	−1.742	0.149	4.540	0.297
A_{21}	268	1	5	3.41	3.41	−0.078	0.149	−0.101	0.297
A_{22}	268	1	5	3.09	3.09	0.171	0.149	−0.143	0.297
A_{31}	268	1	5	4.03	4.03	−0.857	0.149	2.412	0.297
A_{32}	268	1	5	4.05	4.05	−0.619	0.149	1.336	0.297
A_{33}	268	1	5	4.17	4.17	−0.722	0.149	0.391	0.297
B_{11}	268	1	5	4.10	4.10	−0.780	0.149	0.932	0.297
B_{12}	268	1	5	4.27	4.27	−0.982	0.149	1.448	0.297
B_{13}	268	1	5	4.21	4.21	−0.642	0.149	0.315	0.297
B_{14}	268	1	5	4.29	4.29	−0.629	0.149	0.428	0.297

续表

测项	N	极小值	极大值	均值	标准差	偏度		峰度	
						统计量	标准误差	统计量	标准误差
B_{22}	268	1	5	4.22	4.22	−1.008	0.149	1.845	0.297
B_{23}	268	1	5	4.20	4.20	−0.839	0.149	1.790	0.297
B_{24}	268	1	5	4.10	4.10	−0.803	0.149	0.960	0.297
B_{31}	268	1	5	3.91	3.91	−0.765	0.149	1.061	0.297
B_{32}	268	1	5	4.03	4.03	−0.583	0.149	0.884	0.297
B_{41}	268	1	5	3.72	3.72	−0.718	0.149	0.684	0.297
B_{42}	268	1	5	3.93	3.93	−0.674	0.149	0.874	0.297
B_{43}	268	1	5	3.82	3.82	−0.850	0.149	−0.552	0.297
C_1	268	1	5	3.58	3.58	−0.264	0.149	−0.536	0.297
C_2	268	1	5	3.61	3.61	−0.419	0.149	−0.192	0.297
C_3	268	1	5	3.66	3.66	−0.575	0.149	0.171	0.297
C_4	268	1	5	4.13	4.13	−0.757	0.149	1.943	0.297

从上表 6-9 可以看出,问卷全部测量题项的最小值均为 1,最大值均为 5,这表示不同的研究对象对于移动支付这一新型支付方式的评价有各自主观的判断。从标准差来看,其值也在正常范围之内。从偏度和峰度来看,接近于正态分布。这些都表示所收集的数据适合继续分析下去。

二、信度和效度分析

(一)信度分析

接下来对量表进行信度分析,信度分析的目的是检测当使用这个量表反复测量同一个对象时所得到结果的一致性程度。也是对各指标间是否具有稳定性的一种测量方法,当问卷内量表之间存在很高的一致性和稳定性时,说明问卷量表的信度也越好,进而可以检验问卷的内容有效性。

使用研究中经常被用到的检验指标克朗巴哈系数(Cronbach's α)来对量表进行信度分析。一般统计学研究认为,如果 Cronbach's α 系数大于或等于 0.7 时,才能认为数据的信度是可靠的;如果 Cronbach's α 系数大于 0.8,则说明数据的信度较好;如果 Cronbach's α 系数大于 0.9,则说明数据的信度非常好；但如果 Cronbach's α 系数低于 0.7 则意味着量表需要进行修正和调整。在问卷前测中，本书已经对 110 份样本问卷的信度和效度进行了分析，进而对问卷整理和修正，保证了可靠性。下面再对 268 份有效数据问卷进行新一轮的信度和效度分析验证。通过 SPSS 22.0 测量本章的量表，得知量表总的 Cronbach's α 系数为 0.889，大于 0.8，说明问卷整体信度的可靠性较高。每一个维度的 Cronbach's α 系数见表 6-10。

表 6-10　量表题项的信度分析

维度	测项	Cronbach's α	项已删除的 Cronbach's
便捷性	A_{11}	0.865	0.813
	A_{12}		0.899
	A_{13}		0.787
	A_{14}		0.815
安全性	A_{21}	0.809	
	A_{22}		
外部性	A_{31}	0.874	0.756
	A_{32}		0.842
	A_{33}		0.870
感知有用性	B_{11}	0.889	0.872
	B_{12}		0.852
	B_{13}		0.859
	B_{14}		0.846
感知易用性	B_{22}	0.872	0.845
	B_{23}		0.828
	B_{24}		0.783
感知兼容性	B_{31}	0.838	
	B_{32}		
感知风险性	B_{41}	0.828	0.801
	B_{42}		0.726
	B_{43}		0.763

续表

维度	测项	Cronbach's α	项已删除的 Cronbach's
行为意向	C_1	0.756	0.635
	C_2		0.648
	C_3		0.712
	C_4		0.771

（二）效度分析

效度检验主要是研究变量有效性的分析，具体来说，就是检验问卷所提出的问题是否能够涵盖所有待分析的变量。本章效度的检验是采用内容效度的方法进行测量。内容效度主要以问卷中各测量题项的指标来检测所测量的问卷中各变量的内容是否可用。本书通过查阅大量的文献并引用前人已有的成熟量表设计调查问卷，同时结合身边的大学生、研究生和部分MBA学生展开的深度访谈结果对量表存在的问题做了修正，使得其拥有了比较高的内容效度。

效度的检验一般采用 KMO 检验（Kaiser-Meyer-Olkin）以及巴特利特球度检验（Bartlett Test of Sphericity），以此来分析数据是否适合下一步的因子分析。KMO 值的检验一般认为是要大于 0.5，巴特利特球度检验中的显著值最好小于 0.05，这样才适合进行因子分析。通过 SPSS 22.0 检验，结果显示见表 6-11。

表 6-11　量表题项总效度分析

指标		检验值
KMO 值		0.834
Bartlett 球度检验	近似卡方 χ^2	1974.793
	自由度 df	351
	临界值 Sig	0.000

由表可以看出，本次检验的 KMO 值为 0.834，大于 0.7，且 Sig 显著度小于 0.05，说明本书的问卷有着较高的效度，适合进行因子分析。

三、因子分析

通过各统计量所得数据表明，本书可以采取探索性因子分析展开进一步的因子分析,具体步骤是结合问卷测量题项指标的共通性分析,使用最大似然法提取公因子,然后对原始变量多次进行因子的旋转,最终通过旋转得到成分矩阵。

(一)测量题项的共通性分析

共通性主要是应用于解释因子分析是否有效的参照,较高的共通性表示可以对因子分析的效果进行更好的说明,本书的共同性分析见表6-12,通过表可以看出,本书的共通性的数值均高于0.544,这说明本次因子分析的结果有效性比较高。

表6-12　量表题项共通性分析

因子	初始	提取	因子	初始	提取
A_{11}	0.691	0.646	B_{22}	0.756	0.863
A_{12}	0.640	0.659	B_{23}	0.776	0.727
A_{13}	0813	0.909	B_{24}	0.740	0.714
A_{14}	0.746	0.754	B_{31}	0.789	0.859
A_{21}	0.598	0.683	B_{32}	0.708	0.612
A_{22}	0.607	0.717	B_{41}	0.717	0.623
A_{31}	0.713	0.900	B_{42}	0.721	0.645
A_{32}	0.554	0.688	B_{43}	0.622	0.544
A_{33}	0.643	0.561	C_1	0.742	0.965
B_{11}	0.674	0.552	C_2	0.670	0.572
B_{12}	0.640	0.659	C_3	0.786	0.827
B_{13}	0.704	0.617	C_4	0.731	0.737
B_{14}	0.716	0.640			

(二)提取公因子

见表6-13,采取最大似然法共提取了8个变量,总的解释方差比为72.992。说明问卷中的8个问题变量能够反映所有问题的72.992%的信息,能够较好地解释问卷的问题。总方差解释见表6-13。

表 6-13　总方差解释

因子	初始特征值			提取平方和载入			旋转平方和载入		
	合计	方差的%	累积%	合计	方差的%	累积%	合计	方差的%	累积%
1	8.077	33.652	33.652	5.211	23.686	23.686	2.958	13.447	13.447
2	2.984	12.435	46.087	2.081	9.460	33.147	2.816	12.802	26.249
3	2.560	10.665	56.752	0.623	2.833	35.980	2.130	9.682	35.931
4	1.604	6.684	63.436	2.148	9.763	45.743	2.048	9.309	45.240
5	1.507	6.280	69.716	2.374	10.793	56.536	1.924	8.747	53.987
6	1.049	4.371	74.087	1.851	8.413	64.949	1.841	8.367	62.354
7	0.844	3.517	77.604	0.944	4.293	69.242	1.595	7.252	69.606
8	0.799	3.329	80.932	0.825	3.75	72.992	0.745	3.386	72.992
9	0.598	2.490	83.422						
10	0.521	2.170	85.593						
11	0.445	1.853	87.446						
12	0.430	1.793	82.239						
13	0.367	1.528	90.766						
14	0.310	1.292	92.058						
15	0.292	1.218	93.276						
16	0.259	1.081	94.357						
17	0.240	1.000	95.357						
18	0.217	0.904	96.262						
19	0.199	0.828	97.090						
20	0.180	0.751	97.841						
21	0.161	0.672	98.513						
22	0.140	0.583	99.096						
23	0.128	0.426	99.522						
24	0.114	0.301	99.823						
25	0.103	0.177	100.00						

（三）因子载荷矩阵

本章就移动支付对消费者使用行为意向影响因素做了旋转成分矩阵，其中，用最大似然法对消费者使用行为意向的影响因素指标的原始的变量基于 SPSS 22.0 展开了 7 次迭代计算，得到了表 6-14 的旋转成分矩阵。

表 6-14　旋转成分矩阵

	成分							
	1	2	3	4	5	6	7	8
A_{11}		0.783						
A_{12}		0.594						
A_{13}		0.931						
A_{14}		0.841						
A_{21}				0.760				
A_{22}				0.828				
A_{31}						0.827		
A_{32}						0.553		
A_{33}						0.513		
B_{11}	0.652							
B_{12}	0.693							
B_{13}	0.928							
B_{14}	0.767							
B_{22}							0.614	
B_{23}							0.695	
B_{24}							0.528	
B_{31}								0.551
B_{32}								0.748
B_{41}			0.679					
B_{42}			0.960					
B_{43}			0.696					

续表

	成分							
	1	2	3	4	5	6	7	8
C_1					0.924			
C_2					0.783			
C_3					0.429			
C_4					0.563			

提取方法:最大似然法。

旋转法:凯撒正态化最大方差法。

α 旋转在 7 次迭代后已收敛。

从表 6-14 我们可以看出,本书提出的移动支付对消费者使用行为意向影响的 25 个因子在其中 8 个变量上均含有相对高的载荷。

其中第一类因子归结为移动支付的便捷性,包括四个测量题项;第二类因子归结为移动支付的安全性,包括两个测量题项;第三类因子归结为移动支付的外部性,包括三个测量题项;第四类因子归结为感知有用性,包括四个测量题项;第五类因子归结为感知易用性,包括三个测量题项;第六类因子归结为感知兼容性,包括两个测量题项;第七类因子归结为感知风险性,包括三个测量题项;第八类因子归结为消费者使用行为意向,包括四个测量题项。

四、结构方程模型分析

通过以上的分析,说明研究模型拥有较高的信度与效度,所以适合做结构方程。结构方程模型能合理地分析出本书模型中各个变量之间的关联,同时本书希望通过结构方程模型拟合的结果来验证通过调查回收的各项数据的统计量能否与假设模型相对应。因此本部分将采用 AMOS 20.0 来检验移动支付对消费者使用行为意向的显著性影响。

(一)结构方程构建

根据本书所构建的理论模型,8 个分别标有代号的圆形表示各个维度变量,分别是移动支付的便捷性、安全性和外部性;感知价值的有用性、易用性、兼容性和风险性;消费者使用行为意向。25 个小矩形表示每个变量所对应的测量题项。测量题项和变量旁边的小圆圈分别表示测量题项的误差和方程的误差。连着两个圆形的箭头表示有因果关系的假设。结合问卷的量表构建具体结构方程模型。如图 6-5 所示。

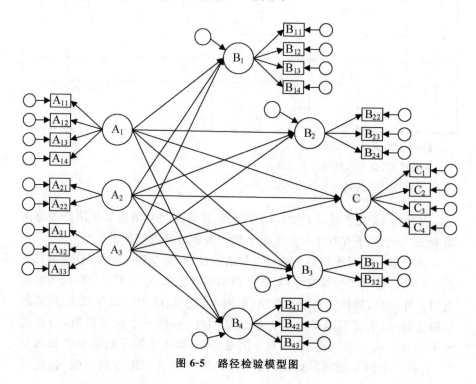

图 6-5　路径检验模型图

（二）结构方程拟合

本书通过 AMOS 20.0 来对本书所要研究的理论模型进行结构方程的拟合，目的是通过结构方程模型拟合的结果来验证通过调查回收的各项数据的统计量能否与假设的模型相对应。

在一般情况下，拟合优度 GFI、相对巧合指数 RFI、比较拟合指数 CFI 均大于 0.9 则认为模型的拟合度比较好。但是也有学者认为，由于设计出来的模型会受到很多不确定性因素的影响，会让拟合指数的指标出现一定范围内的偏差，因此认为当拟合指数大于 0.85 的时候，其结果也可以认为是可接受的，也可以说明模型的设计相对合理。研究人员在对 χ^2/df 的适配范围界定时表示，当 χ^2/df 小于 4，且近似误差均方根 RMSEA 低于 0.08 时，可以认为此模型的拟合程度比较合理。具体各拟合指数见表 6-15，由表可以看出，本研究的各项统计值均符合适配的标准，表明本书的模型比较合理。

表 6-15 拟合优度指数

模型拟合统计值	适配标准	结构模型指数	判断结果
增量化合指数(IFI)	＞0.85	0.863	较好
常规拟合度(NH)	＞0.85	0.904	较好
非常规拟合度(TLI)	＞0.85	0.874	较好
拟合优度(GFI)	＞0.85	0.887	较好
比较拟合指数(CFI)	＞0.85	0.901	较好
相对巧合指数(RFI)	＞0.85	0.852	较好
卡方自由度比 χ^2/df	＜4	2.229	合理
近似误差均方根(RMSEA)	＜0.08	0.065	合理

(三)路径检验

通过 AMOS 20.0 对本书进行路径检验,路径检验通常对于检验结果的 p 值展开研究讨论,p 值主要用来描述变量之间是否存在着显著影响。当 $p<0.001$ 时,表明两者之间的显著程度非常高;当 $p<0.01$ 时,表明两者之间的显著程度比较明显;当 $p<0.05$ 时,表明两者之间存在一定的显著程度,但并不是很强;当 $p<0.10$ 时,表明两者之间的存在弱相关化;当 $p>0.10$ 时,表明两者间并没有相关关系。通过表 6-16 路径检验结果,从而检验本书构建的模型中的假设是否成立。

表 6-16 路径系数检验

路径	标准路径系数	标准误差	t 值	p 值
行为意向←便捷性	0.538	0.068	5.301	0.003
行为意向←安全性	0.454	0.035	4.206	0.005
行为意向←外部性	0.602	0.099	5.254	0.003
感知有用性←便捷性	0.581	0.071	6.152	0.002
感知有用性←安全性	0.609	0.067	5.749	0.003
感知有用性←外部性	0.507	0.015	11.375	0.000
感知易用性←便捷性	0.302	0.121	5.253	0.002
感知易用性←安全性	0.410	0.170	5.996	0.003

续表

路径	标准路径系数	标准误差	t 值	p 值
感知易用性←外部性	0.535	0.047	10.801	0.000
感知兼容性←便捷性	0.439	0.023	6.502	0.003
感知兼容性←安全性	0.702	0.489	7.608	0.004
感知兼容性←外部性	0.548	0.143	11.103	0.000
感知风险性←便捷性	0.128	0.075	2.116	0.046
感知风险性←安全性	−0.154	0.045	6.506	0.001
感知风险性←外部性	0.038	0.212	1.414	0.077
行为意向←感知有用性	0.702	0.489	12.008	0.000
行为意向←感知易用性	0.548	0.113	9.103	0.001
行为意向←感知兼容性	0.368	0.089	8.884	0.002
行为意向←感知风险性	0.052	0.104	0.494	0.522

通过上表我们可以看出,大部分假设是显著的,只有感知风险对购买意向不显著。

(四)中介效应检验

在本书的研究模型中,假设感知有用性、感知易用性、感知兼容性和感知风险性在模型中都存在一定的中介效应,为了进一步验证我们的假设是否成立,我们将继续对中介效应展开检验。Morgan 和 Hunt(1994)认为对于中介效应的检验可以分为两步。第一步是验证自变量对因变量之间的关系,研究探讨自变量对于因变量的影响;当第一步成立后进行第二步,也就是将自变量与中介变量加入研究模型中检验中介变量是否存在中介效应。同时,本书基于 Baron 和 Kenny(1986)对中介变量过程检验的相关研究提出了本书的思路。

首先,检验移动支付变量之间对消费者使用行为是否存在显著影响(即自变量、因变量的检验);其次,基于上一个条件检验感知价值对消费者使用行为是否存在显著影响(即中介变量、因变量的检验);再次,基于上一个条件检验移动支付各变量之间对于感知价值是否存在显著影响(即自变量、中介变量的检验);最后,如果上述条件均能够得到满足,那么将自变量、因变量以及中介变量均加入研究模型中展开检验,如果发现自变量对于因变量没有显著影响,那么表明中介变量起到了完全中介效应的作用,如果自变量和中介变量均对因变量产生显著影响且自变量针对因变量的产生的影响变弱,则可以看作为中介变量的部分中介效应。

根据表 6-17 可以看出,在检验感知有用性对于移动支付和消费者使用行为意向的中介作用时,移动支付的便捷性、移动支付的安全性、移动支付的外部性和感知有用性对消费者使用行为意向的影响均显示显著。

表 6-17　感知有用性的中介作用检验结果

变量	步骤 1 使用行为	步骤 2 使用行为	步骤 3 感知有用性	步骤 4 使用行为	检验结果
便捷性	0.576***		0.502**	0.314**	部分中介
安全性	0.499***		0.483**	0.309**	部分中介
外部性	0.617**		0.517**	0.290*	部分中介
感知有用性		0.854***		0.409***	

而同时考虑移动支付的便捷性和感知有用性两个变量对消费者使用行为意向的作用时,移动支付的便捷性对消费者使用行为意向的影响依然显著,且 0.314<0.576,这表明移动支付的便捷性对消费者使用行为意向的影响在逐渐降低,原因在于感知有用性在移动支付的便捷性和消费者使用行为意向的关系中起到了部分中介的作用。同理可以得出,感知有用性在移动支付的安全性和消费者使用行为意向的关系中起到了部分中介的作用。感知有用性在移动支付的外部性和消费者使用行为意向的关系中起到了部分中介的作用。由此我们可以得出,感知有用性在移动支付和消费者使用行为意向的关系中存在着部分中介作用。

根据表 6-18 可以看出,在检验感知易用性对于移动支付和消费者使用行为意向的中介作用时,移动支付的便捷性、移动支付的安全性、移动支付的外部性和感知易用性对消费者使用行为意向的影响均显示显著。

表 6-18　感知易用性的中介作用检验结果

变量	步骤 1 使用行为	步骤 2 使用行为	步骤 3 感知易用性	步骤 4 使用行为	检验结果
便捷性	0.593***		0.918**	0.301**	部分中介
安全性	0.311***		0.472*	0.209**	部分中介
外部性	0.450**		0.716*	0.282*	部分中介
感知易用性		0.795***		0.392**	

　　而同时考虑移动支付的便捷性和感知易用性两个变量对消费者使用行为意向的作用时,移动支付的便捷性对消费者使用行为意向的影响依然显著,且 0.301＜0.593,这表明移动支付的便捷性对消费者使用行为意向的影响在逐渐降低,原因在于感知易用性在移动支付的便捷性和消费者使用行为意向的关系中起到了部分中介的作用。同理可以得出,感知易用性在移动支付的安全性和消费者使用行为意向的关系中起到了部分中介的作用。感知易用性在移动支付的外部性和消费者使用行为意向的关系中起到了部分中介的作用。由此我们可以得出,感知易用性在移动支付和消费者使用行为意向的关系中存在着部分中介作用。

　　根据表 6-19 可以看出,在检验感知兼容性对于移动支付和消费者使用行为意向的中介作用时,移动支付的便捷性、移动支付的安全性、移动支付的外部性和感知兼容性对消费者使用行为意向的影响均显示显著。

表 6-19　感知兼容性的中介作用检验结果

变量	步骤 1 使用行为	步骤 2 使用行为	步骤 3 感知兼容性	步骤 4 使用行为	检验结果
便捷性	0.465**		0.312**	0.274**	部分中介
安全性	0.519**		0.633*	0.269**	部分中介
外部性	0.537***		0.717**	0.290*	部分中介
感知兼容性		0.752***		0.629**	

　　而同时考虑移动支付的便捷性和感知兼容性两个变量对消费者使用行为意向的作用时,移动支付的便捷性对消费者使用行为意向的影响依然显著,且 0.274＜0.465,这表明移动支付的便捷性对消费者使用行为意向的影响在逐渐降低,原因在于感知兼容性在移动支付的便捷性和消费者使用行为意向的关系中起到了部分中介的作用。同理可以得出,感知兼容性在移动支付的安全性和消费者使用行为意向的关系中起到了部分中介的作用。感知兼容性在移动支付的外部性和消费者使用行为意向的关系中起到了部分中介的作用。由此我们可以得出,感知兼容性在移动支付和消费者使用行为意向的关系中存在着部分中介作用。

　　根据表 6-20 可以看出,在检验感知风险性对于移动支付和消费者使用行为意向的中介作用时,移动支付的便捷性、移动支付的安全性、移动支付的外部性和感知风险性对消费者使用行为意向的影响均显示显著。

表6-20　感知风险性的中介作用检验结果

变量	步骤1 使用行为	步骤2 使用行为	步骤3 感知风险性	步骤4 使用行为	检验结果
便捷性	0.673***		0.219	0.546**	无中介
安全性	0.411**		0.472	0.379*	无中介
外部性	0.320**		0.116	0.252*	无中介
感知风险性		0.195		0.272	

但考虑到移动支付的便捷性和感知风险性两个变量对消费者使用行为意向的作用时,移动支付的便捷性对消费者使用行为意向的影响不显著,且他们的 β 值很相近,这表明感知风险性在移动支付的便捷性和消费者使用行为意向的关系中没有中介的作用。同理也可以看出,感知风险性在移动支付的安全性和消费者使用行为意向的关系中没有中介的作用。感知风险性在移动支付的外部性和消费者使用行为意向的关系中没有中介的作用。综上可得,感知有用性、感知易用性和感知兼容性都在移动支付对消费者使用行为意向的关系中存在着部分中介作用;感知风险性没有中介作用。

第八节　小　　结

通过以上的实证分析,本书对所要研究的假设依次进行了检验。其中大部分假设是成立的,也有少部分的假设不成立。本书对假设的检验结果汇总见表6-21。

表6-21　假设结论汇总

编号	研究假设	结论
H_1	对消费者行为意向来说,移动支付对其存在显著正向影响	成立
H_{1a}	对消费者行为意向来说,移动支付的便捷性对其存在显著正向影响	成立
H_{1b}	对消费者行为意向来说,移动支付的安全性对其存在显著正向影响	成立
H_{1c}	对消费者行为意向来说,移动支付的外部性对其存在显著正向影响	成立
H_2	对感知有用性来说,移动支付会对其存在显著正向影响	成立

编号	研究假设	结论
H_{2a}	对感知有用性来说,移动支付的便捷性会对其存在显著正向影响	成立
H_{2b}	对感知有用性来说,移动支付的安全性会对其存在显著正向影响	成立
H_{2c}	对感知有用性来说,移动支付的外部性会对其存在显著正向影响	成立
H_3	对感知易用性来说,移动支付会对其存在显著正向影响	成立
H_{3a}	对感知易用性来说,移动支付的便捷性会对其存在显著正向影响	成立
H_{3b}	对感知易用性来说,移动支付的安全性会对其存在显著正向影响	成立
H_{3c}	对感知易用性来说,移动支付的外部性会对其存在显著正向影响	成立
H_4	对感知兼容性来说,移动支付会对其存在显著正向影响	成立
H_{4a}	对感知兼容性来说,移动支付的便捷性会对其存在显著正向影响	成立
H_{4b}	对感知兼容性来说,移动支付的安全性会对其存在显著正向影响	成立
H_{4c}	对感知兼容性来说,移动支付的外部性会对其存在显著正向影响	成立
H_5	对感知风险性来说,移动支付会对其存在显著负向影响	部分成立
H_{5a}	对感知风险性来说,移动支付的便捷性会对其存在显著负向影响	不成立
H_{5b}	对感知风险性来说,移动支付的安全性会对其存在显著负向影响	成立
H_{5c}	对感知风险性来说,移动支付的外部性会对其存在显著负向影响	不成立
H_6	对消费者使用行为意向来说,消费者的感知有用性会对其存在显著的正向影响	成立
H_7	对消费者使用行为意向来说,消费者的感知易用性会对其存在显著的正向影响	成立
H_8	对消费者使用行为意向来说,消费者的感知兼容性会对其存在显著的正向影响	成立
H_9	对消费者使用行为意向来说,消费者的感知风险性会对其存在显著的负向影响	不成立

由表 6-21 可以得出以下结论:

(一)移动支付与消费者购买意向研究讨论

通过研究发现,移动支付的便捷性、安全性和外部性这三个变量对消费者行为意向均存在显著的正向影响。

其中移动支付的便捷性对行为意向最为显著,这说明移动支付越便捷,对消费者购买的刺激越明显。它也印证了移动支付能让消费者产生更好的购物体验,更能有效地节约消费的时间成本,使得支付更高效。

移动支付的安全性对行为意向也很显著,说明移动支付的安全性是消费者比较在乎的一个方面,当消费者对支付感到安全时,会加深对于购物的刺激,从而产生更多的使用行为。因此安全性关系到消费者的财产安全,让消费者能安心地使用移动支付也是消费者产生使用行为的重要因素。

移动支付的外部性对消费者使用行为意向具有正向显著的影响。这表明外部性的增强,也就是随着移动支付使用用户的增多,会影响更多的用户使用移动支付这一服务。反映在实际生活中,移动支付的运营商会给予商家以优惠从而吸引商家向消费者推荐使用移动支付。例如外部性会增加用户之间对移动支付的关注,它可以是消费者与消费者之间的互动,也可以是商家与消费者之间的互动。他们彼此之间的互动都会影响用户对移动支付的感知。同时,当使用移动支付的人数变多时,就会联动鼓励更多的新用户共同参与使用。因此外部性会促进消费者的购买意愿得到快速的实现。说明使用移动支付的消费者会影响周围消费者的使用行为。

(二)移动支付对感知价值研究讨论

通过研究发现,移动支付的便捷性、安全性和外部性这三个变量对消费者的感知价值存在着不同程度的影响。

其中,移动支付的便捷性、安全性和外部性这三个变量均对消费者的感知有用性、感知易用性和感知兼容性存在显著的正向影响,这说明消费者使用移动支付最看重的就是移动支付的方便和快捷,同时外部性也会给消费者带来非常多的便利和快捷,还能促进消费者之间的沟通。

然而移动支付的便捷性、安全性和外部性这三个变量中便捷性对于感知风险性的负向显著不完全成立,只有移动支付的安全性对感知风险性有负向影响是成立的,这说明目前大部分消费者使用的移动支付软件都具有较高的安全性,移动支付安全性越强,消费者的感知风险成本就越小。而移动支付的便捷性和外部性则对感知风险没有显著的影响。这也从侧面反映了移动支付的安全感才会使消费者对感知的风险比较小。而这是便捷性和外部性所不具备的特征。

(三)感知价值与消费者使用行为意向研究讨论

研究结果表明,感知价值中的感知有用性、感知易用性、感知兼容性和感知风险性对消费者使用行为意向存在不同程度的影响。说明消费者在使用移动支付的过程中,消费者感知能够强烈影响消费者使用行为意向。

其中感知的易用性对消费者的使用行为意向存在显著的正向影响,这说明消费者在使用移动支付的过程中对于大部分的移动支付操作界面比较满意,移动支付客户端所提供的服务对于用户来说很熟悉,使消费者在掌握操作流程方面不存在困难,所以消费者更愿意选择移动支付的方式来进行产品或者服务购买。

然而通过研究却发现消费者的感知风险性对消费者没有显著的负向影响,这与假设不成立,这可能说明随着移动客户端水平的不断升级和优化,移动支付的方式越来越安全,消费者在使用移动支付的过程中几乎没有碰到过,如恶意盗刷等丢失账户金额等情况,因此所感知到的风险也越来越小,消费者的购买意愿也就不会受到很大影响。相对应也不会对消费者使用行为有很大的影响。

第七章　感知风险下的移动支付用户持续使用分析

随着移动支付在税务、医疗、公共出行等公共服务领域的应用更加普遍,消费者无现金消费习惯逐步养成。手机等移动设备技术的发展以及网络通信的普及,推动着移动支付的规模以及支付领域愈加宽广。随着消费者安全意识提高,移动支付市场规模安全性也成为竞争关键要素。

消费服务场景是未来移动支付发展趋势的引擎,市场竞争逐渐转向支付场景和服务的争夺战。随着国内移动支付产业从线上转到线下以及线上线下互动的创新快速发展,居民日常生产生活中使用移动支付的场所也越来越多。目前,人们已经普遍接受了移动支付这种消费支付方式,移动支付不仅仅在城市已被普及,也被越来越多的农村城镇居民所接受,越来越多的小商铺也接受手机付款。无现金的消费模式已经成为习惯。

我国移动支付市场主要由支付宝和微信组成,其他移动支付企业规模较小。移动支付的发展趋势:①移动支付与穿戴式设备结合。如苹果手表和小米手环,都与用户的健康和运动有关,手机的功能比手表更具有优势,目前依旧以手机支付为主体,但未来手表有可能取代手机成为移动支付的主要设备。②免密支付成为支付趋势。免密支付省去了密码输入所需的时间,更加便捷,提高了支付的效率。③NFC 支付方式普及。④人工智能与移动支付紧密结合,使支付活动摆脱电脑、手机、手表等硬件设施的支撑,刷脸支付也有可能会成为新的支付方式,从而取代移动支付。为了使移动支付模式能够长久地发展并持续被用户所使用,本章内容就以成熟的扩展 ECM-ISC 模型作为基础,对移动支付用户的持续使用行为进行研究,为移动支付的长远发展提供一定的理论基础。

第一节　构建用户持续使用分析模型

一、基础分析模型选择

本章以在用户持续使用研究领域中较为成熟的扩展 ECM-ISC 模型作

为基础。第二章文献综述与理论基础中已经对该模型进行了介绍，该模型包括 7 个因素：感知的有用性、期望确认度、满意度、IT 自我功效、促成因素、持续使用意向和持续使用行为。适用于信息系统用户持续使用意向研究的新模型——信息系统持续使用模型（ECM-ISC）的扩展。而 ECM-ISC 是由极具影响力的技术接受模型（TAM）与期望确认理论（ECT）整合发展而成的。期望确认理论（ECT）是消费者行为学中研究消费者满意度的基本理论。扩展 ECM-ISC 模型提出，期望确认度影响着用户的感知有用性和满意度；满意度、感知有用性对用户的持续使用意向产生影响；用户初次使用后的自我功效，直接影响其持续使用意向；信息技术的设备、资源、技术支持等促成因素直接影响用户的持续使用行为；消费者再次购买产品或持续使用服务的关键就是其对于产品或服务的满意度，继而影响其持续使用的意向；ECM-ISC 中因变量是持续使用意向，拓展模型将因变量从持续使用意向扩展至持续使用行为。

ECM-ISC 及其扩展模型都是研究用户的持续使用行为的，通过对比发现文献中使用扩展模型对持续使用得研究较多，并且扩展模型的因素比较全面，使用扩展 ECM-ISC 进行信息系统、移动商务等信息技术产品的研究已经较为成熟。所以采用扩展 ECM-ISC 模型为基础构建研究移动支付用户持续使用行为影响因素模型更为合适。

二、分析因变量的构思

对于本章的研究对象，移动支付是用户通过网络和移动终端交互完成的资金转移交易行为，用户是消费者，是移动支付服务的使用者。用户持续使用移动支付行为的影响因素中，包含该服务、资源的因素，包括用户的行为、心理因素。在原模型因素的基础上，要结合相关理论、影响因素进行扩充，更好地说明影响用户持续使用的因素。

（1）持续使用意向和持续使用行为。本书所定义的持续使用意向是用户做出行为决策前的最终意向决定，是用户考虑了外在资源条件、设备等外部资源后产生的使用意向。在问卷调查过程中，逐一确定用户意向决策阶段的难度很大，十分明确地将用户的意向与行为做出明显区分的程度不能保证，所以将模型的最终因变量定位为用户的持续使用意向，而持续使用意向直接影响用户的持续使用行为。

（2）期望确认度、感知有用性、满意度。持续使用的研究重点在用户接受采纳移动支付服务后，对于其是否继续使用移动支付服务的研究，在用户使用时会对移动支付的功能、服务水平、更新提升、安全性等有自我的期望，这种期望会一直伴随用户使用前的期待、使用过程中对移动支付改进的期望、使用后信息反馈三个阶段。在使用移动支付服务的阶段,用户会对移动支付所提供的服务产生感知有用性这一感知绩效,并与之前的期望进行比较,形成满意或失望的感知。感知绩效高于或等于期望值时,产生满意情绪,从而会产生持续使用该服务的意向;反之,感知绩效低于其使用前期望值时,产生失望情绪,用户会产生不再使用移动支付的意向。所以期望确认度、感知有用性将直接影响用户的满意情况,进而间接对用户持续使用意向产生影响。

(3)IT 自我功效。用户对移动支付初次使用后会根据使用情况对自己完成移动支付的使用情况作出评价,决定自己是否继续使用移动支付服务,如果用户在使用移动支付后,可以顺利完成支付、转账、消费等服务时,就会有正面的自我功效认定,然而如果由于自身知识及学习能力等限制,可能会产生放弃继续使用的意向。在使用过程中,移动支付服务也会不断更新,提供更加更完善的功能,用户通过自身不断的学习,学会使用移动支付提供的新功能,就不会因为自身的学习能力不足而停止使用移动支付;反之,用户觉得掌握移动支付的使用很困难时,就会很可能放弃对移动支付的持续使用。

(4)促成因素。根据计划行为理论中的感知行为控制因素,促成因素是用户感知其使用行为所能够控制的必备外部资源、技术资源的可用程度,如移动支付过程中的网络资源、商家是否提供移动支付渠道等,在这些促成因素充分具备并且不断发展提高的情况下,用户持续使用移动支付的行为将越有可能发生,并且在交易过程中会主动要求使用该方式。

结合移动支付实际使用情况,根据其他相关理论的研究,模型增加了一些其他可能影响用户持续使用行为的因素,下面进行具体的解释说明,并总结现有学者提出的相关研究理论。

(1)感知风险。移动支付业务直接与金钱相关,因此移动支付的系统安全性可能是影响用户持续使用意向的重要影响因素,消费者无法确知其使用行为的预期结果是否正确,而某些使用行为结果可能会导致消费者不愉快,包括感性成分和理性成分。而消费者在购买决策中隐含的这种结果不确定性就是风险最初的概念,所以将用户的感知风险引入模型中,更能体现用户的持续使用意向。根据感知风险理论,感知风险将直接影响用户的满意情况,当用户感知到移动支付过程中的风险时,就会直接暂停使用移动支付,所以感知风险也直接作用于用户的移动支付持续使用行为。董婷(2013)在研究移动支付持续使用意愿时,提出感知风险对用户持续使用意愿有负向显著影响,调查对象大多数倾向于使用小额支付,多数人承受风险能力和意愿较弱。

(2)主观规范。移动支付不是用户个体独自可以完成的行为,需要移动支付服务提供者、支付方、收款方等多用户参与,在移动支付过程中受到其他用户的影响可能性较大,所以将计划行为理论中的主观规范这一变量引入用户持续使用意向模型中更合理。当周围人群或者对用户自己重要的家人、朋友、领导等都在使用移动支付时,需要与他们进行转账、付款等资金往来,可见,某些人对移动支付服务有需求时,就会增加更多用户的持续使用需求。曹媛媛(2009)等对我国移动支付用户的接受意愿的研究结果表明,社会影响对移动支付使用意愿有着最为显著的正向影响。因此主观规范对于持续使用意愿的影响力并未随着用户使用次数的增加而消失。不论是移动支付业务的使用者还是未使用者,移动支付的使用意愿都会受到与之有关的周围的人或组织影响。

(3)习惯。根据行为学中的习惯理论,个体养成某一行为习惯后,持续发生该行为的可能性就越大,所以当用户习惯通过移动终端进行支付、金钱来往时,持续使用移动支付的行为就越有可能发生。孙建军(2013)对用户使用视频网站的持续使用行为展开研究,基于ECM建立了研究模型,提出用户在长期使用视频网站的过程中会形成稳定趋向的行为,进而转化为习惯,从而影响用户持续使用某视频网站。盛旭东(2010)等依据行为计划理论建立习惯的直接影响行为、调节行为和不考虑习惯的三种模型,对比分析消费者使用盗版软件的情况,得出习惯对用户使用盗版软件意向和行为有直接影响的结论。所以对用户持续使用意向研究时结合用户行为心理,将习惯影响因素加入模型中。

通过理论研究和文献阅读,归纳总结出移动支付用户持续使用行为的影响因素包括感知有用性、期望确认度、消费者满意度、感知风险、主观规范、IT自我效能、促成因素、习惯8个影响因素。

三、构建最终分析模型

以扩展ECM-ISC模型为基础,结合所提出的影响因素的更新,对基础模型进行如下调整:

(1)本书所定义的持续使用意向是用户作出行为决策前最终的意向决定。是用户考虑了外在资源条件、设备后产生的使用意向。在问卷调查过程中,对用户意向决策进行一一确定难度很大,十分明确地将用户的意向与行为作出明显区分的程度不能保证,所以将模型的最终因变量定位到用户的持续使用意向,这一意向直接决定用户的持续使用行为,所以在考虑促成因素时,纳入对用户持续使用意向的影响。

（2）移动支付业务直接与金钱相关品,因此移动支付的系统安全性可能是影响用户使用意向的重要影响因素,所以增加感知风险这一变量。

（3）引入计划行为理论中的主观规范这一变量。移动支付不是用户个体独自可以完成的行为,需要移动支付服务提供者,支付方、收款方等多用户参与,在移动支付过程中受到其他用户的影响可能性较大。

（4）根据习惯理论和消费者持续使用相关研究结论,结合用户行为心理,引入习惯影响因素。研究主题是用户行为的持续,持续的过程中,用户会形成移动支付使用的习惯性行为,所以加入模型验证。

综上所述,通过对文献、理论的阅读并总结,结合移动支付的特征,及其在我国发展现状,提出移动支付用户持续使用行为影响因素研究的概念模型,如图 7-1 所示。

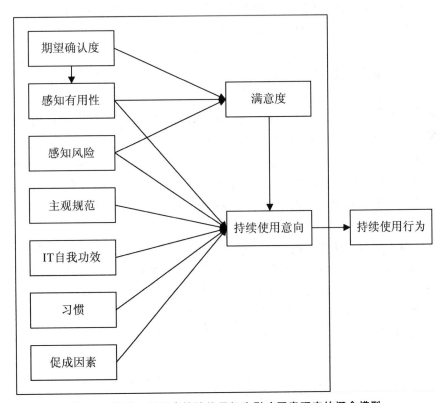

图 7-1　移动支付用户持续使用行为影响因素研究的概念模型

第二节 用户持续使用行为影响变量界定

一、感知有用性

感知有用性是研究用户持续使用行为的重要因素，Bhattacherjee(2001)对信息系统持续使用模型的研究中，证实了感知有用性对用户持续使用行为的影响。在使用移动支付业务时，在网络、设备支持的条件下用户随时、随地完成缴费、转账等支付业务。

在研究中，移动支付用户持续使用行为直接受到用户感知有用性的影响，当用户在进行支付时，意识到使用移动支付服务时对其工作、生活的效率和品质有一定的影响，而且消费支付变得更快捷。因此文中对感知有用的定义为：移动支付用户对移动支付业务有用性的感知，如支付过程的时效性，缴费、转账、购物消费等便捷性，效用等。

二、期望确认度

期望确认理论(ECT)被提出后，期望确认度这一概念就普遍适用于测量用户在消费、使用商品或服务前的期望与实际使用后体验的差距。当使用前期望低于实际使用感知时，用户对其满意度比较高，用户则产生正面积极情绪；如果使用前期望高于实际使用感受时，用户满意度不足，产生对商品或服务的负面情绪。期望确认度直接影响用户对产品、服务的感知有用性和满意度。

对于期望确认度的衡量有三种方式：客观衡量法、推断法、主观感知法。其中，客观衡量方式是指由评估者按照事先确定的标准，对用户使用前期望和使用后的实际体验进行比对衡量(Olshavsky 和 Miller，1972)；推断法是统计出用户使用前、后的期望以及感知的差量，来衡量产品、服务的品质；Swan 和 Trawick(1981)提出主观感知法，是由使用者本人主观判断使用前后期望与实际使用的差别，这是用户直接感受的结果。综合学者的各研究理论，文章对期望确认度进行定义：期望确认度就是移动支付用户使用移动支付前的期望与使用后实际体验感受之间的差异。

三、感知风险和满意度

Bauer(1960)指出,消费者在进行各种交易行为时都面临着风险承担的问题,由于消费者的每次交易行为都有可能面临着不可预知的结果和影响,所遇见的情况有好有坏,甚至很有可能让消费者担负风险,感到不愉快和不满意。如果消费者对感知风险预期低,就会表现为对产品、服务的信任,会有持续使用的意向。对感知风险的定义为:感知风险是移动支付用户对财产、信息、安全等在支付过程中会产生风险的预期。

满意度是影响消费者持续使用的重要因素,期望确认理论中影响消费者满意度的因素有:期望确认度、使用后感知有用性,期望确认度影响消费者的使用后的感知有用性和满意度,继而影响以后的使用。满意度越高,持续使用的可能性就越大。通过对各种理论的总结和实际应用的感知结果,将满意度定义为:移动支付用户使用前期望与使用后实际体验感受所产生的心理状态。

四、主观规范和习惯

主观规范的影响,来源于其个人本身和社会因素的影响。社会影响是其上级、同事、朋友、亲人等身边重要的人的意见、看法对个人意向、行为造成的影响。一些学者也证实了主观规范的影响,Lu、Yao 和 Yu(2005)的研究证实,主管规范对于感知有用具有显著影响作用,进而影响用户的采纳意向和持续使用意向;Schepers(2007)通过多元分析发现,主观规范对使用者的行为意向有显著影响。

用户对于服务、商品的主观意识评价直接影响其持续使用的意向。用户受到对自己而言重要的人引导建议时,认为应该使用移动支付业务,就会有对该业务有继续使用的倾向。对主观规范的定义:主观规范是用户感知对其重要的人或组织认为其是否应该继续使用移动支付的程度。

用户持续使用行为分为有意识指导的、用户理性思考后决定的使用行为,和意识减弱而趋向于习惯性的、无需多思考的使用行为。由于习惯的作用逐渐增强,用户持续使用行为逐渐变得自然、程序化。对习惯的定义是:习惯是用户初次采纳移动支付的使用意向后,逐渐形成的无需过多思考的自主行为。

五、IT 自我功效和促成因素

IT 自我功效是使用者衡量自己能独自使用某技术或者完成某一行为的评价,是自身行为能力的表现,用户对移动支付初次使用后会根据这一评价,决定自己是否依然使用该技术。用户在使用移动支付后,如果可以顺利完成支付、转账、消费等服务,就会有正面的自我功效认定,然而如果受到自身知识以及学习能力等限制,一般会产生放弃继续使用的意向。对 IT 自我功效的定义是:用户对于自身知识、学习能力等对于完成移动支付过程的认定。

当移动支付的终端设备,网络不完善、不连通时,使用户有使用的意向,却因设备不支持,无法继续使用。因为用户缺少必需的外部资源,无法进行使用行为,所以引入了感知行为控制理论中的促成因素变量。促成因素是用户认为系统资源或外部条件都允许的情况下,会影响使用行为的维度,被称为可控制性,其定义是:促成因素是促使用户能够完成使用行为的必备外部资源、技术资源的可用程度。

六、持续使用意向

消费行为学家 Fishbein(1975),指出行为意向指的是个体产生某行为的主观倾向。持续使用意向是指用户在初次使用后,是否愿意继续使用的行为意向程度,在本书中持续使用意向既是因变量,预测移动支付用户持续使用行为,也是服务或者产品成功的最重要的成功因素。意向直接影响行为,对持续使用意向的定义为:移动支付用户对持续使用移动支付的意愿、想法。

第三节 用户对持续使用分析假设的提出

一、感知有用性与满意度、持续使用意向的关系假设

(1)感知有用性与满意度的关系假设。Bames(2011)等将 ECM-ISC 应用到 Twitter 用户持续使用行为的研究中,认为用户的期望得到确认是影响满意度的直接因素,而影响其持续使用行为。胡董(2013)在研究移动微博持续使用行为影响因素时,提出移动微博如果在帮助用户提高获取和发布信息的效率,提高与他人沟通的能力,帮助用户打发心情、发泄情绪等方

面有正向作用,那么用户的满意度将得到提升。即移动微博用户的感知有用性能够正向影响其满意度。

根据学者们的研究结论,移动支付用户在使用移动支付业务时,也会根据移动支付给其生活工作带来的便捷性、高效性,产生对该服务的满意度评价。当用户感受到移动支付业务的有用性较强烈时,用户的满意度得到提升,当用户在使用期间认为移动支付并未对其生活带来所谓的便捷、效率时,其满意度就相对较弱。所以感知有用性与满意度之间也有影响。因此,提出以下假设:

H_{1a}:感知有用性对移动支付用户持续使用的满意度呈正向影响的关系。

(2)感知有用性与持续使用意向的关系假设。Bames(2011)经过研究得到,用户的感知有用性是影响用户持续使用行为的直接因素。根据Bhattacherjee对ECM模型五个假设的验证,可知感知有用性对使用意向的影响是可行的,并且ECM模型在社交网站持续使用中也被验证过。刘鲁川等利用扩展ECM-ISC模型研究云计算服务用户持续使用的模型中,通过实证研究结果得出:云计算用户的满意度受到系统和服务质量的影响,归结为用户的感知有用性,而感知有用性影响用户的持续使用意向。

移动支付用户感知有用性直接影响用户的持续使用行为,当用户使用移动支付服务时,感知到会提高其工作、生活的效率和品质,使用移动支付比其他付款方式更加快捷时,用户使用移动支付的意向就会越坚定,产生移动支付行为的可能性越大。在用户有移动支付使用经验的前提下,其感知有用性越强烈,持续使用行为的趋势就会越强烈。根据ECM模型中的假设,结合移动支付给用户带来的实际价值,可以推出感知有用性对用户持续使用意向的正向显著作用。因此,提出的第二个假设如下:

H_{1b}:感知有用性对用户的持续使用意向具有正向影响。

二、感知有用性、满意度与期望确认度的关系假设

(1)感知有用性、期望确认度的假设。期望确认度是用户在消费、使用商品或服务前的期望与实际使用后体验的认知和评价,期望确认和感知的有用性反映了用户不同的认知水平。用户使用后,如果实际体验优于其使用之前的期望时,期望确认程度将正向影响感知有用性。期望确认度与感知有用性的关系来自于期望确认模型,Bhattacherjee对ECM模型假设的验证中证实了该结论是可行的,并且ECM模型在社交网站持续使用中也被验证过。

同样,这些结论推及移动支付的使用上,移动支付用户在使用之后,其持续使用感知,相对于其使用前期望的水平较高时,将对用户的感知有用性

有积极地影响。反之,用户在使用过后,认为移动支付对于其期望绩效、期望度不能带来满足、肯定,期望确认度为负值时,用户对移动支付的有用性就会产生负向的影响。因此,提出以下假设:

H₂:期望确认度正向影响移动支付用户感知有用性。

(2)期望确认度与满意度的假设。除了与感知有用性的关系外,期望确认度对满意度的影响也在很多理论文献中陈述,经过了很多学者的验证研究,Bhattacherjee、Kim 等的研究也证实了期望确认度对于保证满意度处于较高水平也起到重要作用。来自于营销学的期望确认理论认为,消费者在做出重复购买的决策时,会针对其使用经历与初始预期进行评价,以发现使用经历与初始预期相匹配的程度,这种相匹配的程度被定义为期望确认,并直接决定着用户的满意度。

基于 ECM 模型理论和学者的研究结论,移动支付用户在使用服务前,会根据自己心中的标准和以往的其他服务使用经验对移动支付为其带来的效用形成一个期望,这一期望度会影响用户的实际体验和态度。使用过后,将使用的实际情况的感受与自己之前的期望度进行对比,用户会对移动支付的表现形成新认知,如果用户的绩效期望高于其实际效果,就会产生负向的确认度,对用户的满意度就会产生负面影响;绩效期望低于用户的实际感知绩效时,确认度就正向影响用户的满意度。期望确认度为正且越高时,用户就越满意;反之,期望确认度为负,用户满意度也是负的,二者之间的关系为正相关。因此,提出以下假设:

H₃:期望确认度正向影响用户的满意度。

三、感知风险与满意度、持续使用意向的关系假设

由于移动支付,涉及金钱、资金,是用户较为关注、担心的行为对象。同时,移动支付平台也拥有大量用户资金账户信息、个人资产信息、个人身份信息等敏感度高的信息,用户将极为担心其泄露。在支付进程中,程序流转不可控和技术的有待完善,很大程度上使消费者意识到风险的存在,从而进一步影响用户对移动支付使用的满意度,及其是否会进一步继续使用移动支付。

(1)感知风险与满意度的关系假设。Forsythe(2003)提出感知风险对消费者选择是否购买的态度有直接的负向显著影响。吴先锋(2010)指出,移动支付用户使用过程具有一定的感知风险,移动支付是资金交易,有个人财务、信息丢失、泄露等安全性问题和敏感度高的问题,所以用户感知到的风险大小将显著影响到其使用的满意度。

同样,不论是用户初次使用移动支付,还是移动支付的持续使用,用户都在各种交易行为进行时面临着风险承担的问题,而且用户的每次交易行为都可能面临着不可预知的各种结果和影响,所遇见的情况有好有坏,所以用户在移动支付的过程中担负各种风险。当用户受到财产、信息泄露的风险,或者让用户感知到受到此类风险的可能性比较大时,用户会感到不愉快和不满,此时用户的满意度会降低。如果消费者对感知风险预期低,表现为对移动支付服务的信任时,用户满意度所承受的影响较小。因此,提出以下假设:

H$_{4a}$:感知风险负向影响移动支付用户的满意度。

(2)感知风险与持续使用意向的关系假设。感知风险是用户持续使用移动支付业务过程中重要的阻碍因素。吴先锋(2010)等,对移动支付使用情况进行了统计,有近八成的受访者认为影响其使用移动支付的主要问题是安全性的疑虑和一定程度存在的交易风险。其将感知风险从技术、经济、行为和功能4个方面进行了区分,通过实证研究发现感知风险对消费者的使用意愿会产生负向影响。

如果用户感知风险较高时,其会为了避免风险停止移动支付行为;反之,就会表现为对移动支付的信任,继续选择持续使用移动支付。当移动支付服务提供者为用户提供了安全的技术平台,用户发现其资金在支付过程中的流转、其个人信息等都得到保护时,相应的感知风险较弱,持续使用意向就会较强。因此,提出以下假设:

H$_{4b}$:感知风险负向影响移动支付用户的持续使用意向。

四、直接影响移动支付持续使用意向的关系假设

(1)满意度与持续使用意向的关系假设。McKinney 等(2002)对用户满意度进行分析,提出信息系统使用户更加满意时,用户会更加依赖系统,进而就可以保证用户会持续使用。唐莉斯、邓胜利(2012)研究了 SNS 网站用户的持续使用行为影响因素,结论表明 SNS 网站的用户满意度对用户的忠诚度、继续使用有显著的影响。Bhattacherjee 的研究表明,IS 满意度反映了用户短期内与先前的使用经历相关的对特定事物的情感,对用户的 IS 持续使用意图有正向影响。同时,实证分析的结果显示,如果使用过的用户对移动商务、信息系统等持积极、正向的态度,那么其再次使用此移动商务的行为可能性则更大,并且推荐他人使用的情况也更多,从而直接影响了其持续使用意向。

用户的满意度直接影响用户的持续使用意向,用户越满意,用户持续使

用的确定度也就越高，满意度和持续使用意向之间是正相关的。由 ECT 理论模型得出，消费者再次购买、持续使用的关键就是用户的满意度。满意度是影响移动支付用户持续使用的重要因素，通过期望确认理论可得出用户的满意度经过期望确认度、使用后感知有用性的作用，继而影响以后的使用。移动支付用户在使用过程中，对移动支付服务的品质、服务越满意，其感知绩效越高，期望得到满足，其满意度越高，持续使用的可能性就越大。据此，提出以下假设：

H₅：移动支付用户的满意度正向影响其持续使用意向。

（2）主观规范与持续使用意向的关系假设。一些学者证实了主观规范对用户持续使用的影响，Ajzen 提出了计划行为理论中主观规范作为内部因素影响个人的使用意向和行为。Lu、Yao 和 Yu（2005）的研究证实，主观规范对于感知有用性具有显著影响作用，进一步影响用户的接收意向和持续使用意向。Schepers（2007）通过多元分析发现，主观规范对使用者的行为意向有影响显著。用户对于服务、商品的主观意识评价直接影响其持续使用的意向。用户受到对自己而言重要的人引导建议时，认为应该使用移动支付业务，就会有对该服务有继续使用的倾向。

移动支付作为一种新兴互联网金融服务，人们看到周围的亲朋好友通过移动支付平台便捷地进行支付业务时，他们也有意愿进行尝试，这就是主观规范对移动支付使用意向的影响。对于已经使用了移动支付的用户，亲友日常工作生活之间的经济往来，以及周围人提出使用移动支付途径时，就会加大自己使用移动支付的频率。基于此，提出以下假设：

H₆：主观规范正向影响用户的持续使用意向。

（3）IT 自我功效与持续使用意向的关系假设。刘鲁川使用扩展的 ECM-ISC 模型，构建了移动搜索用户持续使用的理论模型。研究结果表明，IT 自我功效直接影响用户的持续使用意向、行为。移动支付用户在初次使用移动支付后，如果可以顺利完成支付、转账、消费等服务，就有正面的自我功效认定，会对是否持续使用做出意向决定；反之，如果由于自身知识及学习能力等限制，在使用过程中遇见困难，无法顺利完成使用过程，用户一般就会产生放弃继续使用的意向。自我功效感越强的用户，更容易学会并熟练移动支付业务，持续使用该业务的意愿也就越强烈。因此，提出以下假设：

H₇：IT 自我功效正向影响移动支付用户的持续使用意向。

（4）习惯与持续使用意向的关系假设。在持续行为的研究中，众多研究加入心理因素建立模型，并得出这些因素直接或间接地影响了用户的持续使用意向和行为。Limayem，Hirt 和 Cheung（2007）研究万维网的持续使用时，也发现在用户养成了对万维网的使用习惯后，会在日常使用时，不需过多考虑就会继续使用。刘鲁川和孙凯（2011）在 ECM-ISC 模型基础上，引入转换成本和习惯两个影响因素，对移动阅读用户持续使用情况进行研究，习惯对用户持续使用意向有正向显著影响。Kim 认为习惯等同于自动使用，持续使用的行为模型的基础之上，指出习惯直接影响持续使用意向、行为。用户的持续使用行为，会因为其使用习惯而持续。

同样，其他的行为方式，在用户使用移动支付的过程中也会出现。用户使用了一段时间的移动支付后，会形成稳定移动支付使用的行为，每次准备进行支付行为时，不自觉地想起移动支付，这样的自然而然的使用方式就转化成为习惯。习惯形成之前，用户的使用行为主要受感知因素影响；形成习惯后，用户直接选择移动支付倾向就会显著，涉及较少的理性思考。随着时间推移，用户习惯逐渐稳定，用户发生移动支付持续使用行为就越自然。因此，提出以下假设：

H_8：习惯正向影响移动支付持续使用意向。

（5）促成因素与持续使用意向的关系假设。感知行为控制理论中，可控制性概念被更好地解释为促成因素，促使行为发生的某些因素，都被称为促成因素。刘鲁川（2011）通过构建移动搜索用户持续使用的理论模型，对移动搜索用户的持续使用行为进行研究。研究结果表明，促成因素直接影响用户的持续使用意向、行为。用户在使用移动搜索后，被自身能力、学习技巧所限时，一般会产生放弃继续使用的意向。促成因素直接决定着用户的持续使用，如果用户不具备移动搜索的终端设备，或者处于网络覆盖的盲区，用户不得不放弃继续使用的行为。

在移动支付使用过程中，外界资源、硬件条件是否允许、网络是否覆盖等都直接影响移动支付的使用，如果这些促成因素满足，那么用户就会继续选择移动支付业务；反之，用户就很可能放弃使用该业务，选择其他替代业务，继续完成其支付目的形为。因此，提出以下假设：

H_9：促成因素正向影响移动支付用户持续使用意向。

综上所述，所提出假设汇总见表 7-1。

表 7-1　研究假设汇总

假设编号	假设内容
H_{1a}	感知有用性正向影响移动支付用户的满意度
H_{1b}	感知有用性正向影响移动支付用户的持续使用意向
H_2	期望确认度正向影响移动支付用户感知有用性
H_3	期望确认度正向影响用户的满意度

续表

假设编号	假设内容
H_{4a}	感知风险负向影响移动支付用户的满意度
H_{4b}	感知风险负向影响移动支付用户的持续使用意向
H_5	移动支付用户的满意度正向影响其持续使用意向
H_6	主观规范正向影响移动支付用户的持续使用意向
H_7	IT自我功效正向影响移动支付用户的持续使用意向
H_8	习惯正向影响移动支付用户的持续使用意向
H_9	促成因素正向影响移动支付用户的持续使用意向

　　根据移动支付业务的具体使用情况,结合以上的文献综述和概念模型的提出,提出移动支付持续使用行为的假设模型,如图7-2所示。

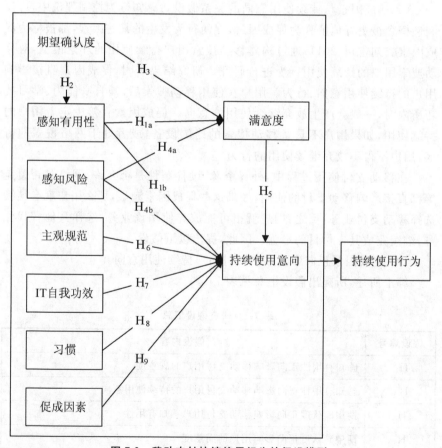

图 7-2　移动支付持续使用行为的假设模型

第四节 研究设计与方法

通过上一节构建了移动支付用户持续使用行为影响因素的研究模型，对模型中的变量进行了详细的定义，在此基础上提出了研究假设。本章对模型的变量测量进行了整体的介绍，并总结介绍实证研究使用的数据分析方法，设计收集数据使用的问卷设计情况。在初始问卷设计完成后，进行小范围的前测，通过数据的信、效度检验，以保证问卷中问题选项的合理性和科学性，通过前测过程中出现的问题以及结果对问卷进行调整，并生成用于研究的正式问卷。对正式问卷进行发放和回收，并提取有效问卷，整理问卷数据用以实证分析。

一、变量测量

确定了概念模型和假设后，再通过问卷调查法收集样本数据，并进行实证研究。在数据收集过程中，问卷内容设计直接关系到调查对象对问卷问题的理解和回答，样本数据回收情况也直接影响研究结论的准确性。为了方便问卷回答者对问题的理解和回答问题的准确性，同时减少其答题时间和精力，研究采用客观选择题的形式设计题项，使得收集到的数据更具针对性，另外在问卷正式问到核心内容前，设计提示信息告知问卷填写者个人信息绝对保密，并只用于本研究使用，提高问卷有效性。

根据构建的概念模型，需要对研究模型中的感知有用性、期望确认度、消费者满意度、感知风险、主观规范、IT自我效能、促成因素、习惯、用户持续使用意向等9个变量进行测量。变量共有三类：自变量、中介变量、因变量。具体变量见表7-2。

表7-2 研究变量汇总表

变量类型	变量名称
因变量	持续使用意向
中介变量	感知有用性
	满意度

续表

变量类型	变量名称
自变量	期望确认度
	主观规范
	感知风险
	IT 自我功效
	习惯
	促成因素

二、数据分析方法

(一)描述性统计分析

描述性统计分析是一种统计、描述、解释数据的统计方法,很好地解决了研究数据量庞大和非直观的问题,通过统计、描述将研究数据转化成研究者易实现、易观察、可以相互沟通的数据、文字、语言等表现形式。通常,描述性统计通过两种方式进行描述实现:一种是通过对基本统计数值的统计、计算,从而体现数据的基本统计特征;另一种,则通过绘制常见的统计图形来反映统计数据的分布特点。描述性统计分析的样本数据类型,主要包括样本均值,样本的最大、最小值,样本的标准差,样本数据的偏态、峰度等项目。通过描述性统计分析结果,来说明不同项目样本数据的集中程度、分布状况等,从而将样本数据的基本特征更直观地体现出来,有利于研究者对样本数据更好把握,同时可以分析样本数据是否具有普遍性、科学性。

本书描述性统计分析描述,将对移动支付业务持续使用用户的基本情况和特征进行统计描述,分别为用户的年龄、性别、移动支付使用年限、工作情况、收入情况、学历等,对问卷测量项频数和百分比进行统计。

(二)因子分析

使用初始问卷的小范围样本收集,并进行前测分析,以确保后续研究的科学性。通过探索性因子分析,得出移动支付持续使用行为的影响因子。

(三)信度分析

信度分析将问卷题项的内部一致性作为判断指标。目前,验证信度的常用方法是"克朗巴哈 a 系数（Cronbach's α）"和"库李系数"。使用 Cronbach's α 进行信度分析判定,是信度分析最常用的标准。对样本研究数据进行信度分析的标准是:Cronbach's α 大于 0.80 时,问卷具有高信度;当 Cronbach's α 在 0.70～0.80 时,问卷信度尚可;小于 0.7 时,问卷信度较低,需要修改。

（四）效度分析

效度分析,是检验测量题项是否能够度量所要测度的内容的能力,体现了问卷测量题项的准确性,效度结果越高,问卷越真实。一般从内容效度、结构效度和收敛效度几个方面进行测量。

内容效度,是评价问卷测量量表内容是否贴合调研目标程度的指标。对于问卷量表的题项设计需要包含研究内容所涉及的所有概念内容,一个问卷才能具有良好的内容效度,达到研究目的。问卷量表题项在借鉴国内外学者的研究文献基础上,结合访问的分析结果并进行前测,最终通过问卷的内容效度检测。本书设计的调查问卷题项内容效度符合判读要求。

结构效度,是测量问卷实际测量与目的测量的变量的特质程度。因子分析法是检验结构效度的常用方法,Kerlinger（1986）提出因子负荷值越大,一般在 0.5 以上,则效度越高,问卷量表的题项,越符合条件。还有一种方法是,通过模型检查潜变量与量表的题项的路径是否显著,检验模型的拟合情况。

采用因子分析检验结构效度,先通过影响因素 KMO 值和 Bartlett 球形检验,来检查因素间是否有共同因子存在。当 KMO 值越大,说明影响因素之间的共同因子越多,则因子分析的结果越准确,继而对效度进行检验。

（五）结构方程模型（SEM）

结构方程模型（Structural Equation Modeling,SEM）,是一种通过可直接观测的多个变量映射不可直接观测的潜变量问题的分析方法。SEM 是基于变量的协方差矩阵进而分析变量之间的关系,即使变量之间存在多重共线性时,SEM 也可研究自变量、观测变量、潜变量之间的关系。

SEM 一般由结构方程和测量方程组成,包括了路径分析和因素分析两种分析方法,通过自变量、潜变量、观察变量之间的关系计算得到变量对变量的影响情况。结构方程模型处理的变量多,关系复杂,所以要使用结构方程模型分析方法,样本数量要大于 100,因为小样本会导致结构方程分析不稳定。

结构方程模型较回归分析的一些优点:可预测潜变量之间的关系;能够同时估计结构方程和测量方程;可同时处理多个因变量;允许自变量及因变量都有测量误差;潜变量由多个观察变量体现,可通过多个指数来评价数据、模型的拟合程度。

SEM 通过调整变量间的关系,拟合变量的路径系数,评价模型拟合度,并修正,以进行研究。模型的拟合优度评价是,将收集的样本数据用于概念模型,分析与模型间的联系,并检验拟合程度。模型评价的拟合度指标主要有:

(1)卡方值与自由度比(χ^2/df)。主要用于比较多个模型,该指标值小于 5 可以接受,同时指标值越小则表明模型的整体拟合程度越好,小于 3 较优。由于 χ^2 还取决于研究样本数量,所以需要参考其他评价指标值。

(2)近似误差均方根(Root Mean Square Error of Approximation,RMSEA)。该指标是对 χ^2/df 的简单调整,如果自由度越小,RMSEA 会越大。一般这个指标值低于 0.05 时说明模型的拟合度较好,在 0.05~0.08 是可以接受的,大于 0.1 则拟合度不好。

(3)拟合优度指数(Goodness-Of-Fit Index,GFI)。模型的协方差矩阵对可预测观测变量的协方差矩阵的程度值。一般 GFI 的可接受范围为 0~1,值越大表示拟合程度越好,该指标值在 0.7~0.9 是比较合理的,大于 0.9 则是好的拟合度。

(4)修正拟合优度指数(Adjust Goodness-Of-Fit Index,AGFI)。该指标是对 GFI 的修正拟合度,AGFI 值较为接近 GFI 值时,表明估计参数相对于自由度的值越少。指标值在 0.7~0.9 范围内可接受,大于 0.9 为好的拟合度。

(5)常规拟合指标(Nonmed fit index,NFI)。该指标的可接受范围在 0.7~0.9 之间,一般要求大于 0.9 为较好的拟合情况。

(6)非规范拟合指数(Non-Nonmed Fit Index,NNFI)。该指标的可接受范围在 0.7~0.9 之间,规定大于 0.9 为最佳拟合情况。

(7)比较性拟合度指标(Comparative Fit Index,CFI)。可接受的范围在 0.7~0.9,规定要求大于 0.9 为最佳拟合情况。

总结结构方程拟合优度评价指标见表 7-3。

表 7-3　总结结构方程拟合优度评价指标

指标名称	代码	可接受范围	较好标准
基于拟合函数的指数	χ^2/df	$[0,5]$	<3.0
近似误差均方根	RMSEA	$[0.05,0.08]$	<0.05
拟合优度指数	GFI	$[0.7,0.9]$	>0.9
调整拟合优度指数	AGFI	$[0.7,0.9]$	>0.9
规范拟合指数	NFI	$[0.7,0.9]$	>0.9
非规范拟合指数	NNFI	$[0.7,0.9]$	>0.9
模型比较拟合指数	CFI	$[0.7,0.9]$	>0.9

三、问卷设计与前测

（一）问卷设计

本章研究设计问卷包括三部分：第一部分为提示信息，包括问卷的目的，问卷内容及填写人作答的基本要求，以及移动支付定义的提示；第二部分，问卷填写人的基本情况，如性别、年龄、学历、职业、每个月可支配收入、移动支付的使用情况，以及填写人是否有持续使用移动支付的意愿等；第三部分为问卷的基本内容的设计。

为了确保问卷调查所得到的数据的准确性和有效性，参考之前学者的研究中所设计的较成熟的调查内容及量表，并通过对不同身份对象的移动支付使用者的访谈，根据移动商务情境下，移动支付使用用户在移动支付使用过程中的实际情况，制作本研究问卷的量表，以完成研究目的。调查问卷主要测量项包括感知有用性、期望确认度、满意度、感知风险、IT 自我效能、主观规范、习惯、促成因素以及用户的持续使用意向等 9 个变量。问卷对每个测量项使用李克特 5 级量表测度，将用户认可程度分为非常不同意、不同意、一般、同意、非常同意五个程度，分别对应 1～5 分。表 7-4 是对各个变量的进行操作化测量设计。

设计的初始问卷中，一共有 44 个题项，其中第二部分个人基本信息的 7 个题项，第三部分共 37 个题项，分别对自变量、中介变量、因变量 9 个变量进行测量。初始问卷具体结构见表 7-5。

表 7-4　因素操作化测量量表

影响因素	题项	题目内容
感知有用性（PU）	PU₁	使用移动支付使我的购买、交易过程变得更方便快捷
	PU₂	使用移动支付可以享受商家优惠活动
	PU₃	移动支付省去我携带现金和信用卡的不便
	PU₄	移动支付节约了我排队的时间
	PU₅	使用移动支付可以减少银行服务的地点、时间限制
期望确认度（EC）	EC₁	使用移动支付的实际体验比我预期的要方便高效
	EC₂	移动支付提供的安全性比我预期的要好
	EC₃	移动支付提供的服务比我预期的要丰富
	EC₄	我对移动支付的期望基本得到满足
满意度（SA）	SA₁	移动支付可以满足我日常生活的交易需求
	SA₂	我对移动支付提供的服务很满意
	SA₃	我对移动支付过程的安全性很满意
	SA₄	使用移动支付后，我觉得自己使用移动支付是明智的
主观规范（SN）	SN₁	周围朋友同事都使用移动支付
	SN₂	很多朋友推荐我使用移动支付，认为移动支付会带来方便
	SN₃	对我很重要的人（领导、家人等）鼓励我使用移动支付时，我会持续使用
	SN₄	媒体经常提及移动支付，各种购物网站对使用移动支付有优惠
	SN₅	使用移动支付者相对于未使用者工作、生活效率更高
IT自我规范（SE）	SE₁	通过移动支付来购物、缴费等，对我来说很容易
	SE₂	就算现在没有使用过移动支付，我也可以通过学习或看他人使用移动支付后，独立完成支付
	SE₃	就算使用移动支付遇到困难了，我也能解决
感知风险（PR）	PR₁	我担心使用移动支付，会使个人信息泄露
	PR₂	我担心银行卡、电子钱包账号密码被盗导致资金损失
	PR₃	我担心移动支付过程中，操作失误造成财产损失
	PR₄	我担心移动支付的技术不能保证交易金额正确流转
	PR₅	我担心移动支付服务商使用技术手段盗取我的财产
	PR₆	我担心支付过程耗费过多时间，影响效率

影响因素	题项	题目内容
习惯 （HA）	HA₁	对我来说,使用移动支付是一件很自然的事情
	HA₂	我已经习惯了在需要支付的时候,选择移动支付
	HA₃	移动支付已成为我工作生活的重要方式,不会随意改变
促成因素 （FC）	FC₁	如果网络环境、移动设备等外部条件都具备时,我愿意使用移动支付
	FC₂	如果商家提供移动终端支付时,我会选择移动支付
	FC₃	商家安排专业人员为我使用移动支付业务提供帮助时,我更愿意使用移动支付
持续使用 意向（CI）	CI₁	我愿意继续使用移动支付
	CI₂	需要支付时,我会考虑使用移动支付
	CI₃	如果让我重新选择,我还是愿意选择移动支付
	CI₄	我没有使用其他支付手段的意向

表 7-5　初试问卷结构

变量类型	变量名称	题项数量
因变量	持续使用意向	4
中介变量	感知有用性	5
	满意度	4
自变量	期望确认度	4
	主观规范	5
	感知风险	6
	IT自我功效	3
	习惯	3
	促成因素	3
	基本信息	7

（二）前测结果信度分析

将初始问卷的前测对象选定为本校在读学生、已工作的同学以及身边不同类型、职业的已使用移动支付业务,并仍然在使用的亲戚朋友。通过

"问卷网"制作问卷,以邮箱、微信、网址等方式发送,共收回有效问卷 100 份。对所收集的有效前测问卷数据经由信度分析、效度分析,进一步得出前测结果,筛选出不合适题项,并修改问卷以完成正式问卷的设计。

对初始问卷的信度检验标准是:当 Cronbach's α 系数值在 0.9 以上,则问卷的信度非常好,Cronbach's α 大于 0.7 小于 0.9,则信度可以接受。针对问卷的信度分析结果见表 7-6,问卷总体 Cronbach's α 系数为 0.937,各分量表的 Cronbach's α 均大于 0.7,初始问卷量表信度好。

表 7-6　问卷整体可靠性统计

影响因素	Cronbach's Alpha	项数
总体	0.907	37
感知有用性	0.704	5
满意度	0.820	4
期望确认度	0.759	4
主观规范	0.783	5
感知风险	0.895	6
IT 自我功效	0.711	3
习惯	0.879	3
促成因素	0.819	3
持续使用意向	0.868	4

(三)前测结果效度分析

对于内容效度,通过对理论和学者的研究成果的梳理以及访谈结果的总结中确定了初始问卷各变量的题项,并结合移动支付实际情况设计了初始问卷,从而问卷的内容效度可以得到保证。

对于结构效度,对问卷的所有变量进行探索性因子分析,检验各观测变量的潜在因子结构,使用主成分分析法对变量进行效度检验,采用最大方差法对因子进行旋转,由得出的结果对初始问卷的不合理题项进行调整、修改,为给正式问卷的数据分析打下基础(表 7-7)。

通过检验得出,KMO 值为 0.722,Bartlett 球形检验显著性水平为 0.000,这说明变量间有显著相关性,比较适合作因子分析。下一步,进行因子的提取,分析结果是提取了 9 个初始特征值大于 1 的因子,解释的总方差达到 69.345%，详细提取数据结果见表 7-8。

表 7-7　KMO 和 Bartlett 球形检验

指标		检验值
KMO 值		0.722
Bartlett 球形检验	近似卡方 χ^2	2401.217
	自由度 df	703
	临界值 Sig	0.000

表 7-8　整体解释的总方差

因子	初始特征值			提取平方和载入			旋转平方和载入		
	合计	方差的%	累积%	合计	方差的%	累积%	合计	方差的%	累积%
1	9.028	23.757	23.757	9.028	23.757	23.757	5.328	14.022	14.022
2	4.703	12.376	36.133	4.703	12.376	36.133	4.582	12.058	26.080
3	3.061	8.055	44.188	3.061	8.055	44.188	4.012	10.559	36.639
4	2.324	6.115	50.302	2.324	6.115	50.302	2.772	7.294	43.933
5	2.085	5.486	55.789	2.085	5.486	55.789	2.200	5.789	49.721
6	1.729	4.549	60.388	1.729	4.549	60.388	2.072	5.453	55.174
7	1.489	3.919	64.257	1.489	3.919	64.257	2.014	5.300	60.474
8	1.277	3.360	67.617	1.277	3.360	67.617	1.763	4.639	65.113
9	1.063	2.797	70.414	1.063	2.797	70.414	1.608	4.231	69.345
10	0.959	2.524	75.641						
…	…	…	…						

通过旋转成分矩阵旋转，旋转后结果的判断依据是：当因子的负载值小于 0.3 时，表示这一因子的解释度不到 10%，不能够充分解释变量，则删掉该因子。将 0.5 作为判断因子是否有效的临界值，即如果负载值小于 0.5，则删除该题项。具体的旋转成分矩阵及其因子负载情况，见表 7-9。

表 7-9　旋转成分矩阵 α

成分	1	2	3	4	5	6	7	8	9
PU_4	0.773								
PU_1	0.695								
PU_2	0.620								
PU_5	0.568								
PU_3									
EC_1		0.734							
EC_4		0.687							
EC_3		0.685							
EC_2		0.596							
SA_4			0.771						
SA_2			0.744						
SA_3			0.725						
SA_1									
SE_1						0.591			
SE_2						0.540			
SE_3						0.539			
PR_4							0.903		
PR_5							0.874		
PR_2							0.830		
PR_3							0.768		
PR_1							0.655		
FC_1								0.701	
FC_2								0.691	
FC_3								0.783	
CI_3									0.715
CI_1									0.654
CI_2									0.608
CI_4									

提取方法:主成分。

旋转法:具有 Kaiser 标准化的正交旋转法。

α 旋转在 14 次迭代后收敛。

四、初始问卷修改

通过初始问卷前测,所有变量的 Cronbach's α 值均大于 0.7,总体达到 0.9 以上,说明问卷信度良好。对于效度分析,选择保留因素负载值大于 0.5 的题项,删除 PU_3,SN_1,CI_4,SA_1 这四个题项。

删除四个不合理题项后,问卷的量表有了改变,所以对问卷再做信度和效度的分析,其中信度分析结果是各变量的 Cronbach's α 系数均大于 0.7,问卷的整体信度达到 0.939,说明经过修改后问卷的信度很好,具体问卷信度数据见表 7-10。

表 7-10 问卷的 Cronbach's α 系数

量表	感知有用性	期望确认度	满意度	主观规范	IT自我功效	感知风险	习惯	持续使用意向	促成因素	总体
Cronbach's α	0.768	0.759	0.820	0.804	0.711	0.895	0.879	0.891	0.819	0.939

对修改后问卷再做效度分析,得出 KMO 值为 0.839,适合做因子分析,可以进行研究,结果见表 7-11。另外,通过解释的总方差图,初始特征值中有 9 个成分的特征值超过了 1,并且这 9 个因子的累积贡献率达到了 78.505%,超过 50%,达到了因子分析的标准,跟模型中的 9 个变量一致。进一步进行正交旋转矩阵抽取,通过最大方差法,经过 12 次迭代后收敛,最终成功得到 9 个因子,以 0.5 作为限定因子载荷结果的临界值。

表 7-11 影响因素的 KMO 和 Bartlett 球形检验

指标		检验值
KMO 值		0.839
Bartlett 球形检验	近似卡方 χ^2	1601.323
	自由度 df	561
	临界值 Sig	0.000

从表 7-12 可以得出,针对模型变量所设计的每一个问项,均属于模型设定的变量下,并且所有因子的载荷值都满足大于 0.5。所得数据结果和问卷设计相符合,证明问卷的结构效度适合进一步研究。

表 7-12　修改后的旋转成分矩阵 α

成分	1	2	3	4	5	6	7	8	9
PU_4	0.793								
PU_1	0.725								
PU_2	0.687								
PU_5	0.593								
EC_1		0.752							
EC_4		0.690							
EC_3		0.678							
EC_2		0.613							
SA_4			0.793						
SA_2			0.764						
SA_3			0.667						
HA_3				0.849					
HA_2				0.815					
HA_1				0.732					
SN_5					0.799				
SN_3					0.769				
SN_2					0.671				
SN_4					0.608				
SE_1						0.707			
SE_2						0.614			
SE_3						0.572			
PR_4							0.911		
PR_5							0.887		
PR_6							0.843		
PR_2							0.822		

续表

成分	1	2	3	4	5	6	7	8	9
PR_3							0.787		
PR_1							0.691		
FC_1								0.731	
FC_2								0.698	
FC_3								0.675	
CI_3									0.857
CI_2									0.795
CI_1									0.787

提取方法:主成分。

旋转法:具有 Kaiser 标准化的正交旋转法。

a 旋转在 12 次迭代后收敛。

正式问卷如附录所示。

五、问卷发放与回收

(一)问卷发放对象

研究对象是使用移动支付的用户群体,并且有一定经济收入或者其抚养人为其提供财务并且其有经济支配能力,在问卷的使用前确定该研究对象已经使用过移动支付业务的人群。

通过"问卷网"制作完整问卷,将问卷发给同学、亲戚、朋友,以及实习期间的公司、单位的同事朋友等,并寻求其帮忙进行更广范围的扩散,另外在问卷网上开放问卷。这些人群都比较容易接受新事物,对互联网、手机等频繁使用,对移动支付业务都有使用。对于地域、身份、行业、学历、年龄层等有一定跨越度,避免了单一的研究对象,增加了研究的可行性,确保了问卷的质量。

(二)问卷发放方法

为了提升样本的科学性,保证样本数量达到要求,问卷在"问卷网"进行制作,通过在线发放的方式,将生成的网址通过微信、QQ、邮箱等发送,同时也通过扫描二维码进行在线填写,发放渠道开放进行。问卷从 2018 年 6 月开始,最终进行了为期 4 个月的收集过程。

(三)问卷回收情况

本次问卷调查共收回问卷 338 份,问卷回收后,为了确保其有效性,对原始数据进行整理,对有缺失值、不符合规范要求填写的、答案选择全部一致的问卷进行了剔除。另外一个筛选的原则是,在问卷的开始,就对填写者是否使用过移动支付业务进行了甄选,未使用过移动支付业务、没有使用经验的人群的问卷不做回收。这些筛选都在制作问卷时、发放问卷时,进行了设置,从而最终问卷具有一定代表性、有效性。问卷通过"问卷星"进行制作、发放,并在问卷发放之前直接进行了设置,所以大部分不合格问卷都直接被终止,最终筛选出有效问卷 326 份,有效比例达到 96.3%。

第五节　数据分析与模型检验

通过问卷的设计、修改、发放与回收,收回正式问卷的数据进一步用于研究实证分析。本章是问卷有效数据统计分析与研究模型的验证。首先,对问卷数据进行描述性统计分析,对回收的移动支付用户持续使用基本情况进行统计分析,以确保问卷填写者的平均分布,保证问卷数据有一定的代表性,使分析结果具有科学性。然后,对问卷数据进行信效度检验,以保证数据的可靠性和科学性;由于正式问卷数量相对于前测问卷数量增加较多,为了进一步保证效度,对正式问卷的效度检验中加入验证性因子分析以保证数据科学性。最后,使用结构方程模型验证模型拟合度,得到模型的路径系数,验证模型的研究假设;计算各因素对移动支付用户持续使用意向行为的影响效应值,分析各因素对持续使用意向、行为的意向程度,最终得到研究结论,并进行结果分析。

一、描述性统计分析

通过描述性统计分析方法对移动支付持续使用用户的基本个人信息情况做描述,包括性别、年龄、教育程度、职业、使用年限和月收入,具体数据见表 7-13。

表 7-13　调查问卷人员信息汇总表

样本统计	特征分类	频数	百分比/%	累计百分比/%
性别	男	141	43.3	43.3
	女	185	56.7	100
年龄	<20 岁	15	4.6	4.6
	20～30 岁	180	55.1	59.7
	31～40 岁	107	32.9	92.6
	>40 岁	24	7.4	100
使用年限	<6 个月	8	2.45	2.45
	6 个月～1 年	9	2.76	5.21
	1～2 年	43	13.19	18.4
	2～3 年	77	23.62	42.02
	3 年以上	189	57.98	100
受教育程度	专科及以下	46	14.1	14.1
	本科	183	56.1	70.2
	硕士	84	25.8	96.0
	博士及以上	13	4.0	100

从上表可以得到一些问卷填写人员的基本情况：

(1)从性别来看,男女比例相差不大,女性用户比男性用户稍多,不影响因素分析结果。

(2)从年龄来看,年龄层主要集中在 20～40 岁,占到了总体的 88%,在研究时将研究对象定为年轻群体,考虑到移动支付是新兴产业互联网下的新业务,时间短,可能受到个人接受新事物能力的影响,年轻人对新事物的接受能力比较高,而且有一定经济能力,所以普遍集中在这个年龄段。

(3)从使用年限来看,使用移动支付服务长达三年以上的人群居多,这说明人们对移动支付服务的接受程度很高,这正符合对用户关于移动支付持续使用行为意向的研究。

(4)从受教育程度来看,本科最多,达到 56.1%,硕士紧随其后,用户比例平均,有一定学历水平的人员具有较高的学习素养,接受新事物会比较容易。

二、信度检验

正式问卷总体的 Cronbach's α 值为 0.931,说明总体信度好,具有稳定性和一致性。问卷总体可靠性统计结果见表 7-14。

表 7-14　问卷总体可靠性统计量

Cronbach's α	项数
0.913	33

根据各变量的信度分析结果,可得出各变量 Cronbach's α 系数值均大于 0.7,每个变量对应的题项删除后的 Cronbach's 系数值均小于整体变量的系数值,因此问卷的各个变量均体现出较好的内部一致性。各变量对应题项的具体问卷信度检验分析结果见表 7-15。

表 7-15　正式问卷信度检验分析表

变量	题项	修正后项总相关系数	删除该项后的 Cronbach's α	Cronbach's α	基于标准化项的 Cronbach's α
感知有用性	PU_1	0.570	0.644	0.714	0.709
	PU_2	0.694	0.653		
	PU_4	0.675	0.610		
	PU_5	0.605	0.693		
期望确认度	EC_1	0.734	0.720	0.751	0.749
	EC_2	0.611	0.556		
	EC_3	0.646	0.669		
	EC_4	0.575	0.583		
满意度	SA_2	0.654	0.726	0.798	0.800
	SA_3	0.594	0.756		
	SA_4	0.534	0.787		
主观规范	SN_2	0.691	0.714	0.743	0.749
	SN_3	0.567	0.677		
	SN_4	0.708	0.686		
	SN_5	0.431	0.741		

续表

变量	题项	修正后项总相关系数	删除该项后的Cronbach's Alpha	Cronbach's Alpha	基于标准化项的Cronbach's Alpha
IT 自我功效	SE_1	0.532	0.648	0.714	0.691
	SE_2	0.583	0.673		
	SE_3	0.678	0.707		
感知风险	PR_1	0.784	0.788	0.796	0.795
	PR_2	0.723	0.783		
	PR_3	0.669	0.727		
	PR_4	0.745	0.686		
	PR_5	0.568	0.729		
	PR_6	0.649	0.702		
习惯	HA_1	0.607	0.664	0.798	0.784
	HA_2	0.676	0.649		
	HA_3	0.697	0.765		
促成因素	FC_1	0.601	0.743	0.760	0.762
	FC_2	0.652	0.756		
	FC_3	0.643	0.727		
持续使用意向	CI_1	0.791	0.806	0.879	0.880
	CI_2	0.759	0.837		
	CI_3	0.752	0.840		

三、效度检验

(一)探索性因子分析

正式问卷数据 KMO 和 Bartlett 检验结果见表 7-16。KMO 值为 0.862,说明比较适合作因子分析,Bartlett 球形检验显著性水平为 0.000,表明变量间有显著的相关性。两个检验值都说明正式问卷数据适合做因子分析。

表 7-16　正式问卷影响因素的 KMO 和 Bartlett 球形检验

指标		检验值
KMO 值		0.862
Bartlett 球形检验	近似卡方 χ^2	8564.179
	自由度 df	595
	临界值 Sig	0.000

　　继续通过主成分分析法对数据进行因子的提取,分析结果提取了 9 个因子,解释的总方差达到 73.422%,详细提取数据结果见表 7-17。

表 7-17　解释的总方差

成分	初始特征值			提取平方和载入			旋转平方和载入		
	合计	方差的%	累积%	合计	方差的%	累积%	合计	方差的%	累积%
1	10.564	30.184	30.184	10.564	30.184	30.184	5.648	16.137	16.137
2	3.484	9.953	40.137	3.484	9.953	40.137	4.421	12.632	28.769
3	2.503	7.151	47.288	2.503	7.151	47.288	3.133	8.952	37.721
4	2.185	6.242	53.530	2.185	6.242	53.530	3.031	8.661	46.381
5	1.874	5.355	58.885	1.874	5.355	58.885	2.335	6.671	53.053
6	1.802	5.150	64.035	1.802	5.150	64.035	2.160	6.173	59.225
7	1.239	3.540	67.575	1.239	3.540	67.575	1.737	4.964	64.190
8	1.036	2.959	70.534	1.036	2.959	70.534	1.653	4.723	68.913
9	1.017	2.888	73.422	1.017	2.888	73.422	1.578	4.509	73.422
10	0.926	2.360	78.370						

　　再进行旋转成分矩阵旋转,旋转后结果说明问卷题项能够充分解释变量。具体的旋转成分矩阵及其因子负载情况,见表 7-18。

表 7-18　旋转成分矩阵 α

成分	1	2	3	4	5	6	7	8	9
PU_1	0.778								

成分	1	2	3	4	5	6	7	8	9
PU_4	0.773								
PU_5	0.679								
PU_2	0.596								
EC_4		0.706							
EC_3		0.657							
EC_2		0.649							
EC_1		0.551							
SA_3			0.729						
SA_2			0.718						
SA_4			0.658						
HA_3				0.683					
HA_2				0.895					
HA_1				0.816					
SN_5					0.709				
SN_3					0.659				
SN_2					0.580				
SN_4					0.521				
SE_1						0.805			
SE_2						0.697			
SE_3						0.574			
PR_4							0.846		
PR_6							0.797		
PR_1							0.778		
PR_3							0.768		
PR_5							0.758		
PR_2							0.635		
FC_1								0.739	
FC_2								0.621	

续表

成分	1	2	3	4	5	6	7	8	9
FC_3								0.602	
CI_3									0.803
CI_1									0.762
CI_2									0.736

提取方法:主成分。

旋转法:具有 Kaiser,标准化的正交旋转法。

a 旋转在 6 次迭代后收敛。

(二)验证性因子分析

对正式问卷数据的探索性因子分析,已得到各部分因子所包含的观测变量,因此,在此基础上再通过验证性因子分析进一步对效度进行分析。验证性因子分析对收敛效度的检验有两个值来判断:组合信度(Composite Reliability CR)、平均萃取变异量(Average Variance Extracted,AVE)。

评估问卷的收敛效度标准是,各变量对应题项的标准因子载荷均大于 0.5,各变量的平均抽取方差 AVE 高于 0.5,组合信度 CR 高于 0.7 时,表明问卷的量表具有较好的收敛效度。根据模型各变量的因子载荷、AVE、CR 具体值,PR_6 的因子载荷 0.37 不符合判断标准,该路径删除,其他均符合收敛效度标准,具体分析结果见表 7-19。

表 7-19 模型收敛效度分析结果

变量	题项	因子载荷	平均萃取变异量(AVE)	组合信度(CR)
感知有用性	PU_1	0.80	0.5718	0.7945
	PU_2	0.68		
	PU_4	0.74		
	PU_5	0.75		
期望确认度	EC_1	0.77	0.5306	0.7653
	EC_2	0.64		
	EC_3	0.65		
	EC_4	0.78		

续表

变量	题项	因子载荷	平均萃取变异量（AVE）	组合信度（CR）
满意度	SA_2	0.63	0.5123	0.7597
	SA_3	0.68		
	SA_4	0.73		
主观规范	SN_2	0.67	0.6057	0.8524
	SN_3	0.86		
	SN_4	0.72		
	SN_5	0.79		
IT 自我功效	SE_1	0.93	0.7382	0.9026
	SE_2	0.87		
	SE_3	0.73		
感知风险	PR_1	0.63	0.6225	0.8359
	PR_2	0.86		
	PR_3	0.75		
	PR_4	0.68		
	PR_5	0.74		
	PR_6	0.37		
习惯	HA_1	0.89	0.7267	0.9136
	HA_2	0.86		
	HA_3	0.76		
促成因素	FC_1	0.69	0.6498	0.8986
	FC_2	0.71		
	FC_3	0.83		
持续使用意向	CI_1	0.81	0.6731	0.8597
	CI_2	0.78		
	CI_3	0.65		

四、结构方程模型验证

（一）模型拟合度分析

模型的拟合优度指数见表 7-20，根据表 7-3 中的检验标准进行判断，都在建议标准范围内，$\chi^2/df = 2.160 < 3$，模型相对拟合较好。拟合度指标 AGFI 为 0.901，GFI 为 0.924，在样本随机误差的可接受影响内，这些拟合指数都在标准值左右；RMSEA，CFI，NFI，NNFI，均达到建议标准，在可接受范围内，所以本书所提出的概念模型与正式问卷数据拟合良好，不需调整，可用于研究假设的检验。

表 7-20 模型整体拟合优度指数

拟合指标	模型拟合度	较好标准	判断结论
χ^2/df	2.160	0~3	合理
RMSEA	0.041	<0.05	合理
GFI	0.873	>0.9	接近建议标准
AGFI	0.901	>0.9	较好
NFI	0.916	>0.9	较好
NNFI	0.932	>0.9	较好
CFI	0.924	>0.9	较好

（二）路径分析与假设检验

结构方程模型的路径分析和假设检验的判定标准为：第一，T 检验的绝对值大于等于 1.96，且小于等于 2.58 时，路径系数在 $p < 0.05$ 的水平下显著；T 检验的绝对值大于 2.58，小于 3.28 时，路径系数在 $p < 0.01$ 的水平下显著；T 检验的绝对值大于 3.28 时，路径系数在 $p < 0.001$ 的水平下显著。结构方程模型的路径系数、T 值检验和 P 值检验的结果见表 7-21。

表 7-21 结构方程模型检验结果

假设	标准化路径系数 β_i	T 值	P 值	结论
H_{1a}	0.478	5.792	***，显著	支持
H_{1b}	0.565	6.731	***，显著	支持
H_2	0.264	2.967	*，显著	支持

续表

假设	标准化路径系数 β_i	T值	P值	结论
H_3	0.376	4.252	***,显著	支持
H_{4a}	−0.269	−3.193	**,显著	支持
H_{4b}	−0.161	−2.018	*,显著	支持
H_5	0.701	9.082	***,显著	支持
H_6	0.037	0.461	0.47,不显著	不支持
H_7	0.283	3.795	***,显著	支持
H_8	0.672	8.380	***,显著	支持
H_9	0.451	5.469	***,显著	支持

通过结构方程模型的检验,变量间影响的显著程度进一步得到证实。路径分析可以用来测量变量之间影响关系的强弱,并通过路径系数值的大小直接反映出来,研究模型的变量路径图如图7-3所示。

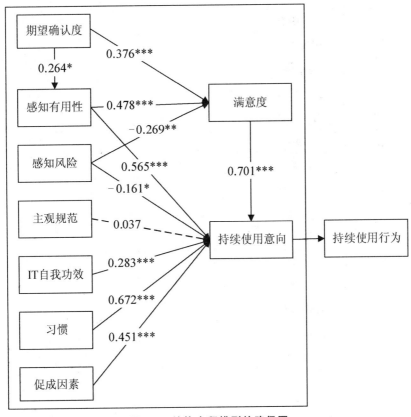

图7-3 结构方程模型的路径图

　　各变量之间的直接影响情况如路径图中的路径系数所反映,根据系数数值的大小说明变量之间的影响大小。为了使数据分析结果更加直观,按照路径系数统计各变量之间的直接影响与间接影响的效果情况见表 7-22。

表 7-22　各变量直接影响与间接影响效果分析

自变量	影响	中间变量		因变量
		感知有用性	满意度	持续使用意向
感知有用性	直接影响	—	0.478	0.565
	间接影响	—	—	0.335①
	总影响	—	—	0.900
期望确认度	直接影响	0.264	0.376	
	间接影响	—	0.126②	0.238③
	总影响	—	—	0.238
感知风险	直接影响	—	−0.269	−0.161
	间接影响	—	—	−0.189④
	总影响	—	—	−0.189
满意度	直接影响	—	—	0.701
	间接影响	—	—	—
	总影响	—	—	0.701
主观规范	直接影响	—	—	0.037
	间接影响	—	—	—
	总影响	—	—	0.037
IT 自我功效	直接影响	—	—	0.283
	间接影响	—	—	—
	总影响	—	—	0.283
习惯	直接影响	—	—	0.672
	间接影响	—	—	—
	总影响	—	—	0.672

续表

自变量	影响	中间变量		因变量
		感知有用性	满意度	持续使用意向
促成因素	直接影响	—	—	0.451
	间接影响	—	—	—
	总影响	—	—	0.451

① $0.335 = 0.478 \times 0.701$；

② $0.126 = 0.264 \times 0.478$；

③ $0.238 = 0.376 \times 0.126 + 0.264 \times 0.565 + 0.264 \times 0.478 \times 0.335$；

④ $-0.189 = -0.269 \times 0.701$。

根据表 7-22 中的数值结果可以看出各影响因素对移动支付用户持续使用意向行为影响效果的强弱，从大到小排序依次为：感知有用性、满意度、习惯、促成因素、IT 自我功效、期望确认度、感知风险，而主观规范对移动支付持续使用意向的影响不显著。最终可得出本模型所提出的相应研究假设是否成立，研究假设检验的结果见表 7-23。

表 7-23　研究假设结果

假设编号	研究假设	检验结果
H_{1a}	感知有用性正向影响移动支付用户的满意度	成立
H_{1b}	感知有用性正向影响移动支付用户的持续使用意向	成立
H_2	期望确认度正向影响移动支付用户感知有用性	成立
H_3	期望确认度正向影响用户的满意度	成立
H_{4a}	感知风险负向影响移动支付用户的满意度	成立
H_{4b}	感知风险负向影响移动支付用户的持续使用意向	成立
H_5	移动支付用户的满意度正向影响其持续使用意向	成立
H_6	主观规范正向影响移动支付用户的持续使用意向	成立
H_7	IT 自我功效正向影响移动支付用户的持续使用意向	成立
H_8	习惯正向影响移动支付用户的持续使用意向	成立
H_9	促成因素正向影响移动支付用户的持续使用意向	成立

第六节 小 结

通过问卷调查、SPSS 数据分析和结构方程模型检验，从用户的角度研究移动支付用户持续使用行为的影响因素，在扩展 ECM-ISC 模型基础上探索了 8 个影响因素对用户持续使用行为的直接、间接影响，并对比各因素对用户持续使用行为的影响程度大小。通过检验结果表明，概念模型合理且假设也得到验证。

可以得到以下结论：期望确认度正向影响移动支付用户感知有用性和用户满意度，感知有用性正向影响用户的使用满意度。最终目的在于研究移动支付持续使用用户的影响因素，所提出的 8 个影响因素中，感知有用性、用户的满意度、期望确认度、感知风险、IT 自我功效、习惯、促成因素这 7 个影响因素均对移动支付用户的持续使用行为有显著影响，其中感知风险这一影响因素对用户持续使用行为有负向的影响，其他 6 个因素均是正向影响效应。而主观规范对用户持续使用行为未表现出显著的影响。

(一)感知有用性、期望确认度和满意度三者之间的结构关系

期望确认度正向直接影响移动支付用户的感知有用性以及用户满意度；同时，用户持续使用移动支付的满意度也受到感知有用性的正向显著影响。

移动支付用户将使用过程中的实际体验感受与其期望值进行对比，当用户感觉到移动支付为其所带来的便利、效率、实际价值大于等于其期望值时，就会觉得移动支付业务有用性越高，同样其满意度也越高。移动支付业务不断升级改进，用户的感知有用性也会随着业务功能的升级而发生改变，所以在移动支付的持续使用过程中，用户感到移动支付越有用，其满意度也会相应提高。

(二)移动支付用户的感知有用性正向影响其持续使用意向

感知有用性直接正向影响用户的持续使用，并通过满意度间接正向影响用户的意向。当用户体验到移动支付为其生活、工作、学习等方面带来的价值、效率、便捷、生活品质提高时，其选择继续使用移动支付的可能性也就相应提高，其持续使用的意向越坚定，继而产生持续使用行为越确切。也就是说，当用户从移动支付中获得了价值，感受到该业务的有用性时，其持续

使用意向越强烈,产生持续使用行为的可能性越大;反之,当用户感受到其有用性较小时,其持续使用意向也较小,越有可能放弃移动支付的持续使用。

感知有用性的影响因素的效果系数在所有影响因素的效果系数中最大,即感知有用性对持续使用意向行为的影响最显著。

(三)移动支付用户使用的满意度正向影响其持续使用意向

通过实证得出,用户的满意度对其持续使用行为有直接的正向显著影响,满意度在本书模型中不但是影响持续使用行为的直接因素,也在期望确认度、感知有用性与持续使用意向的关系中起到了中介作用,这与之前很多学者对于满意度在顾客价值与忠诚度的很多研究结论一致。并且满意度对持续使用行为的正向影响效果仅次于感知有用性,因为影响满意度的还有其他因素,所以相对来说较弱。

(四)移动支付用户的习惯正向影响其持续使用意向

习惯对持续使用意向的影响效果系数较大,与满意度很接近,说明在对用户持续使用的研究中,习惯的影响已经几乎与用户的满意度、感知有用性相当,对保持用户的忠诚度的层面上很有意义。用户使用移动支付的习惯会使其在需要金融服务时,下意识地自主选择使用移动支付服务,产生持续使用行为。

(五)促成因素正向影响移动支付用户的持续使用意向

促成因素是促使用户产生移动支付持续使用行为的一些资源、设备、便利条件等因素,显著正向影响用户的行为。移动支付业务体系为用户提供的资源条件越多,用户感到使用移动支付越便捷、有效时,其产生使用意向、行为的可能性越大。

(六)IT自我功效正向影响移动支付用户的持续使用意向

移动支付是在互联网大环境下所催生的一种新兴服务技术,对用户的知识、技能有一定的要求。所以,不论是用户自身所具备的知识、技能,还是在他人帮助、指导下对移动支付业务使用的操作,这种自我感知到的对移动支付行为有促进功效的信息技术自我能力,会对用户的持续使用行为有正向影响。

（七）移动支付用户的期望确认度正向影响用户的持续使用意向

期望确认度对感知有用性有正向影响，这个假设是信息技术期望确认模型中原先的理论模型部分，在移动支付的使用行为研究中进一步得到了验证。

（八）移动支付用户的感知风险负向影响其持续使用意向

移动支付是一种创新型的互联网金融服务，在用户的使用过程中时刻都充斥着交易风险，用户对资金安全的关注具有普遍性，所以健全、安全的交易机制和风险控制是保持移动支付用户持续使用的关键因素。当移动支付用户感知到其使用移动支付过程中的风险时，会对其持续使用的意向、行为有一定的负向影响。

用户感知到使用过程风险较高时，为了避免遭受风险，其会暂停、犹豫移动支付的持续使用行为；反之，用户感知到保障，产生了信任感，其持续使用意向、行为也就相应坚定。感知风险对用户持续使用的负向影响相对于其他影响因素较小，是因为在各种资金流转、消费时都会有一定风险，而现有移动支付平台有相应的保险机制，在遭受风险后，移动支付业务提供者有相应的赔偿机制，风险控制较好；并且在快节奏的工作生活中，移动支付价值的正向影响逐渐抵消了一些风险的负面影响，用户自身也会降低风险。

（九）主观规范对移动支付用户持续使用意向影响不显著

用户在初次采纳后，在中、长期的使用过程中，社会影响、人际关系群的影响作用相对弱化。在实证研究中，发现主观规范对用户的持续使用行为并不显著，更多的学者研究中，主观规范对用户的影响基本存在于用户初次采纳中，受到社会影响、周围人群激发产生使用的想法，而在后期的持续使用中，用户更多在意的是移动支付产品、业务本身的价值。

第八章 总结及展望

通过前几章的整体设计、理论基础积累、模型设计、假设提出、实证分析等,对本书所研究的问题都进行了详尽的探究,并得到了相应的研究结果。本章在此基础上,对上文进行叙述和总结。

第一节 主要研究结论

(一)移动支付体系发展

移动支付体系发展的影响因素众多且作用机理复杂,本书通过第三章内容,构建解释结构模型分析影响移动支付发展的因素,以及各影响因素之间的相互关系,得出如下结论:移动支付的市场规模、业务范围、技术创新能力以及盈利模式是保证移动支付发展的直接因素;同质竞争、平台的服务品质、用户需求、银行竞合、信息安全、货币的流通速度、沉淀资金、信用机制及消费习惯对移动支付的发展具有间接影响作用;法律监管、内部管理、网络普及和用户特征是影响移动支付发展的制度层因素。

(二)移动支付感知风险的影响因素

运用德尔菲法对用户使用移动支付感知风险因素进行识别和筛选,并通过解释结构模型(ISM),进一步分解出其影响因素之间的结构性分布及其逻辑关联。实证结果表明:用户信任是表层因素,接受深层次因素传导作用;移动支付机构提供安全技术操作等诸因素是中间层因素;用户个体特征和互联网环境是深层次因素。

(三)移动支付用户感知风险维度

本书通过第五章内容,对用户在移动支付环境下的感知风险的维度进行探讨和验证。经过规范的量表开发、问卷调查和实证研究,表明在移动支付环境下,用户感知风险主要包括感知经济风险、感知隐私风险、感知功能风险、感知心理风险、感知时间风险等维度。实证研究表明,特别是用户对隐私风险的担忧最有可能阻碍消费者使用移动支付,其次是感知财务风险和功能风险,对其他风险维度感知度较低。

(四)移动支付用户使用意向

以技术接受模型为基础,移动支付的特征为自变量,感知价值为中介变量来研究它们对用户移动支付的购买意向。通过第六章对实验假设的验证可知:移动支付的便捷性、安全性、外部性显著影响消费者使用行为意向;移动支付显著影响感知价值;感知易用性、感知有用性、感知兼容性对消费者使用行为意向产生存在正向影响;而感知风险性对消费者使用行为意向产生没有显著影响。

(五)移动支付用户持续使用分析

结合移动支付发展现状和用户使用情况,在扩展 ECM-ISC 模型的基础上,结合相关理论模型,构建了移动支付用户持续使用行为的概念模型,对于通过问卷方法获取的研究数据,使用统计分析、结构方程模型等方法进一步实证研究,探索、验证移动支付用户持续使用行为的影响因素。通过实证研究,可以得到以下结论:感知有用性、满意度、习惯、促成因素、IT 自我功效、期望确认度、感知风险,这 7 个因素对用户的移动支付持续使用行为有显著影响,其中感知有用性、满意度、习惯、促成因素、IT 自我功效、期望确认度对用户的持续使用行为有正向影响,感知风险具有负向的显著影响,且这些因素对用户持续使用行为的影响依次减弱。而用户的持续使用并没有受到主观规范这一影响因素的影响。

对移动支付用持续使用影响因素的具体分析结果已经在前文中进行了说明。这里,需要说明的是期望确认度对持续使用行为的影响效应是通过对感知有用性、满意度两个因素的间接影响效应结果叠加而成的,其对移动支付持续使用的影响体现并不直接,但是用户在使用过程中,随着对服务功能的体验感的变化,其对移动支付的期望价值也会不断改进,移动支付服务技术也在不断提高,所以不能忽略这一间接影响因素;另外,人们对技术功能感受的边际效应也是递减的,长时间使用某一技术服务,如果信息技术不发展,用户所感受到的效用就会越来越少。所以,对于期望确认度的间接显著影响一样应该受到重视。

第二节　建议与启示

互联网的发展带动着移动商务的发展,而移动支付作为移动商务中的一大金融链条,已经有巨大数量的移动支付用户,移动终端用户规模的日益扩大,信息技术带来的先进终端载体,移动运营商不断提速、广为覆盖的移动网络,这些好的条件都为移动支付市场带来机遇和巨大潜力。同时,也为移动支付服务产业的相关利益者带来了很大的盈利。

根据以上研究结果和移动支付现状、发展,下面提出一些实践的建议启示。

(一)提升服务使用价值,增强用户感知有用性和易用性

从用户决定使用移动支付的动机出发。在用户最渴望从移动支付中得到的益处为出发点,持续不断让用户感受到移动支付的使用价值。例如,使用移动支付相比较传统的支付模式,会有更多的优惠,并且这样的优惠活动要有持久性;用户通过移动支付,不仅仅在物质上受益,同时在时间成本上也能感受到价值,免去了排队浪费时间,省去了去实体营业点的时间,同时不受地理位置的约束。只有让用户在实际上感受到方便、时效,用户才会乐于使用,并且乐于持续使用移动支付。研究结果证明,移动支付业务的供应者要以产品的使用价值为设计基础,增强用户的有用性感知;从用户的使用角度出发,以用户的需求为导向,开发出能为用户带来效率提升、效益提高的移动支付服务,让用户持续体会到使用后带来的实惠、便捷。

用户使用移动支付最大的特点就是它的易用性和便捷性,因为移动支付具有不必找零、没有假币等成本上的优势,对于线下商业而言,意义重大。现如今,随着移动支付的快速发展,实体零售消费也从线上发展到了线下商业。通过移动支付,线上的主力消费人群可以更轻松地在线下体验与消费,同时这也是线下实体转型拥抱移动互联网的最好选择。因此,作为移动支付的运营商,要进一步强化移动支付的便捷性和易用性,提供更多的支付场景和消费模式,让消费变得更顺畅,把普通消费者的消费欲望更大地激发出来。这一点,在线下体现得尤其明显,与线上的消费不同,线下的消费带动关联消费的能力特别强大。

移动支付服务的系统设计者应该提高用户端的界面易操作性,简化用户端的操作流程,适当增加用户使用过程中的即时提示且不影响用户的视线。从技术层面上,提高系统的信息传递速度,减少用户支付过程资金的转耗时,以避免用户使用过程中对无法完成的担心。在消费者逐渐习惯移动支付等互联网生活服务的同时也反馈给服务提供商更多值得分析的数据。基于复杂场景下的精准客流分析,通过整合线上线下多种终端渠道,最终以互联网技术提升终端服务流程及消费者购物体验,满足个性化消费需求,刺激消费,加快新旧动能的切换步伐。

(二)增加移动支付客户端的功能,不断满足用户日益提高的需求

移动支付的运营商应该更积极地借鉴先进的支付经验,以国内移动支付市场的特点和现象为导向,积极地改进升级技术水平,发展出符合我国市场特色和人文特色的移动支付模式,提高移动支付方式对消费者的吸引力,提升移动支付更宽广的应用范围,不断地扩大自身的市场规模。移动支付客户端研发人员需要加强移动支付的功能,提高支付端的"有用性"。在进行页面设计的时候,增强与用户的交流互动,促使"易用性"更强。同时加强与不同支付业务的合作,让消费者的缴费更方便。

用户对移动支付功能的期望值会随着移动支付功能的逐渐强大变得越来越高。如果移动支付始终保持现有的基本功能,那么用户对移动支付有用性、满意度感知的边际效应递减,所以移动支付提供商要不断提升自身功能,满足用户日益增长的期望。

我国的移动支付还在初期,可学习移动支付业务较发达的国家的经验,不断更新移动支付产品的功能;扩展移动支付业务可使用的范围和领域,增加可以使用移动支付业务的商家、服务,让日常生活的各个领域都能享受到移动支付带来的好处。例如,增加可以移动支付的商品、渠道、服务,从平日生活的买水、买电等公共事业费用,到购买商品、服务等支付服务,进而还可以发展到移动端理财、炒股等金融服务。这些都可以在我国国情、政策的支持下,迎合市场需求的基础上,开发移动支付适用领域,提高业务功能对用户的吸引力。这样,就可以在扩大市场规模同时,增加用户持续稳定使用移动支付的概率。

(三)降低用户感知风险,提高用户信任度

在研究结论中,感知风险作为唯一的负向显著影响移动支付用户持续使用的影响因素,虽然不是影响效果最大的因素,但是却可以是保持用户持续性、忠诚度的关键因素。所以,为了稳定提升用户持续使用的意向、行为趋势,必须要让用户在使用过程中更加有安全感。

因此,移动支付服务提供商要在移动支付体系的安全性、稳定性上进一步加强,并且要考虑到用户主观感知到的风险层面,这才是直接影响用户决策的重点。移动支付服务提供商应该在基础安全设备上进一步加强,提高信息安全技术,保障用户账户、资金安全、业务操作安全;提高用户使用风险保险制度,比如为用户的资金账户购买保险,让用户感觉到如果资金出现非主观意识丢失,将可以从服务提供商、保险公司处得到相应赔偿;引入公信力较高的主体保障,如政府、中央人民银行等,提高用户的信任度;定期更新安全检测技术、防止恶意侵入、做好安全提醒等;移动支付服务提供商保持自律,保护用户隐私,杜绝主观泄露用户个人信息、财产信息。

(四)加强多方产业链合作,丰富资源模式

用户在使用支付过程中,如果设备资源、网络资源、技术资源等因素都很完善,则促使用户使用移动支付行为的可能性进一步提高。

在移动支付产业链中,通信服务运营商、金融机构和第三方支付平台是三个强有力的参与者,而且也正是提高促成因素资源的直接方。第一,通信服务提供商是移动支付网络的保障者和维护者,应该保证用户移动支付使用过程中网络资源的广覆盖、高速率、便利性、实惠性,也要不断升级网络信息传输速率、提升网络设备的安全性和稳定性,满足用户需求。第二,金融机构是移动支付服务的账户、资金保障者和资金业务服务者,银行是最基础、安全的用户资金存放处,用户更加信赖银行,所以银行要审核、保证用户账户资金在其消费、支付时的最后一道关卡的信息真实和安全;同时银行也应该大力推广其移动终端的金融平台,对于网上银行、手机银行等产品的设计要突出有用性、用户体验感并与实体商户、服务合作,将一些银行业务也适当转移到移动平台,达到资源最大化利用,方便用户和银行自身。第三,第三方支付平台是移动支付业务的创新者,为移动支付可使用范围的扩展做出了强有力的贡献,通过其广泛的用户群,与通信运营商、银行加强合作,加速支付信息传递。三个产业要在外部资源、设备等因素上提升自身水平、加强合作。

(五)培养用户使用习惯,提升用户忠诚度

习惯的产生,稳定了用户的移动支付行为的持续。用户产生了使用移动支付的行为习惯时,在有支付需求时,自然而然会首先选择移动支付,应该抓住这一因素,保持移动支付用户。

移动支付服务提供商要加强研究如何培养用户的移动支付的使用习惯。培养现有用户对移动支付的使用习惯和信任,这无疑增加了用户使用移动支付的忠诚度。虽是研究如何让用户培养移动支付习惯,移动支付服务提供者还是应该加强现有移动支付的价值,用户在移动支付所带来的效率下,会保持其使用移动支付的习惯。同时,在用户生活工作的各个领域,渗透移动支付服务的提供,例如,普及移动支付可用商家,在用户即将支付时,有意提醒用户可以使用移动支付等。

(六)突出移动支付的优势,提高消费者认知

虽然目前国内主流的移动支付软件都在主推自己的业务,但是从力度和涉及面上看还是远远不够的,有些地方因为基础建设等客观原因并未能主导移动支付的潮流,这也需要支付运营商和电信运营商加强联系与合作,更好地普及基础设施的建设。从研究结果可以看出,用户的感知有用性对移动支付的使用有着显著的影响。所以,要想让移动支付被用户使用,就要加大宣传力度,让用户感知到移动支付能给其生活带来其他支付方式无法给予的便利,不断提升消费者的用户体验,让更多的消费者享受移动支付所带来的便利,从而增强用户对移动支付的使用和购买意向。

由于外部性的影响显著,所以在外部性方面,移动支付运营商加大对移动支付这一支付方式的推广,让消费者认识到大家都在用移动支付,使用手机移动支付是一种潮流。作为移动支付客户端,应该多鼓励商家主动向消费者提供移动支付的使用,比如支付宝客户端推出支付宝奖励金,微信财付通推出了微信鼓励金活动进行补贴大战,它们通过不定期推出的支付返现活动,鼓励商家用优惠招揽更多用户,提高引入新人下载移动支付软件的奖励力度。在实际的生活中,除了以上的办法,运营商应该使用更多有效的方法鼓励商家,从而加大红包补贴额度和新用户福利,让广大消费者意识到移动支付使用和参与人数越多,对大家越有利。

第三节　进一步研究展望

本书的目的是研究移动支付用户持续使用行为的影响因素,经过对移动支付发展的影响因素、用户使用移动支付的感知风险影响因素和维度以及用户使用移动支付的购买意向进行研究,为移动支付用户的持续使用行为一项研究提供了强有力的实证研究支撑。也通过理论基础和相关研究学者专家的研究结论,最终对移动支付可持续发展的研究取得了一定的进展,但由于个人时间、能力、条件、资源有限,本书的整体研究依然存在一定的局限性,需要改进。据此对研究的局限性和后续研究中需要改进的地方总结以下几点:

(一)样本情况有限

本书中设计多个问卷调查,且问卷回收的样本数都在 200~400 份之间,有些通过网络收集,有些是通过实地发放问卷。问卷实地发放位置多以

整个课题组成员的周边朋友、同学,以及周边院校师生为主,从而使样本的数量、质量、广度等都受到了一定的限制。如果要体现研究问题更大范围的科学性,还需要更多的样本,在样本范围上不能把问卷发放对象主要放在本地的学生、亲戚、朋友及其周围的朋友上,这样年龄层次平均、工作性质也相对单一。这些不足可能会导致结论的推广受到影响,在适用到更宽年龄、区域范围的群体时,普适性降低。应扩大样本收集范围,扩大被调查人群年龄层次以及不同工作性质,即扩大地域的广度、年龄的跨度、工作性质差别度。后续研究应将抽样范围扩大至全国,增加样本年龄、学历、工作等基本信息的跨度,细化样本特质的区分度,保证样本平均分布以提高结论的普适性。

本书的各项研究由于样本集中在特定的地区、特定的人群,因此本身可能会具有局限性,得到的结果也可能会不客观,因此在今后的研究中可以扩大样本的范围,包括各个年龄段、各个收入层次以及各行各业的消费者,并进行更全面的问卷发放。这样可以使研究人群的层次性更加丰富,使得研究的结果也更加有指导意义。

(二)因素针对性有限

对于移动支付持续使用影响因素的研究中,本书研究的因变量持续使用意向和持续使用行为的区分度不够强,未能将持续使用意向和行为二者深层次区别显示出来,本书所定义的持续使用意向是在用户考虑了行为实施条件后所确定的意向,结合实际情况,这一点对于用户持续使用的意向、行为的认识有一定的局限性。

在行为心理学的深度中,意向是比较直接的影响行为,行为是个体意向的体现。在后续研究中应该对持续使用意向和行为更加细化,将意向的研究阶段引申到大脑思维活动的初期,在不考虑实际因素的影响时,仅仅代表个体本身心里对某一行为的趋向程度,这样意向不一定直接导致行为的发生。在这些范围的界定下,探索发掘更准确、具体的移动支付用户持续使用意向、持续使用行为的研究结论。

关于移动支付对消费者行为意向的研究主要基于技术接受模型,参考的文献也是基于比较成熟感知价值理论和消费者使用行为理论,所用量表也是基于成熟的量表进行的整理和改编,虽然本书对技术接受模型进行了相应的补充和说明,但由于时间和参考的文献有限,本书所采用的研究方法与实际的测量相比可能会存在一定的局限性。

在后续的研究中,可以阅读更多文献,引入其他合理的影响因素,引入新因素的同时,强化对影响因素的归类,加强探索影响因素的深度;并对已研究的影响因素深度进行深入,比如进一步研究感知有用性、感知易用性的观察变量,对其进行划分总结。这些都可以对移动支付的持续使用、实际业务的开展进行更全面的研究。

(三)研究内容的局限性

移动支付对消费者使用行为的影响因素很多。本书主要以技术接受模式为基础框架,结合感知兼容性和感知风险性相关的研究,除了本书所探讨的这四类感知变量外,本书认为还可以加入其他类型的感知变量,也有可能会对用户的使用行为意向产生其他方面的影响。但是本研究内容限于研究的客观条件,无法考虑到诸多的影响因素。

今后的研究可以从以下几个方向进行:一是,理论模型的扩充。目前关于移动支付的研究主要以 TRA 理论、TPB 理论、TAM 理论等理论模型为主,这些理论已经得到了学术界的认可。但随着研究的深入,会有更多的理论模型去探究对消费者行为的影响。需要我们不断地去尝试不同种类的模型。二是,研究样本的扩充。由于样本集中在特定的地区、特定的人群,因此本身可能会具有局限性,得到的结果也可能会不客观,因此在今后的研究中可以扩大样本的范围,包括各个年龄段、各个收入层次以及各行各业的消费者,并进行更全面的问卷发放。这样可以使研究人群的层次性更加丰富,使得研究的结果也更加有指导意义。三是,研究因素的扩充。关于移动支付及用户行为意向的研究因素指标的选取存在一定的局限性,如用户信任在用户持续使用移动支付行为中可能产生的中介作用,研究因某些因素的限制没能深入研究,希望以后的研究中可以完善丰富研究指标,完善移动支付的研究发展。

附　录

附录 A　关于移动支付发展影响指标的
德尔菲法调查问卷

尊敬的女士/先生：

您好,感谢您在百忙之中抽出时间参与本次调查问卷。我们在对影响移动支付发展的因素指标进行调查研究。您是相关领域专家以及高校研究人员,您的宝贵意见对本次研究设计这一评价指标体系具有重要的意义。本问卷评语集区间为"非常重要""重要"和"一般"三个量级,请您在适当的等级上打钩"√"。本次问卷采用匿名调查方式,所获得的数据仅供学术研究之用。我们将恪守科学研究道德规范,做到问卷信息严格保密,请您客观真实填答。

再次感谢您的参与,祝您万事如意！

第一部分：指标说明

表 A-1　拟用于移动支付发展影响因素的指标解释

序号	要素	指标解释
1	市场规模	移动支付的市场规模对移动支付发展的影响
2	货币流通速度	移动支付承担着电子货币的职能,电子货币和移动支付的发展会对货币供给以及货币需求带来冲击,从而影响央行的货币控制
3	银行竞合	移动支付与银行之间的竞争与合作
4	技术创新	移动支付企业对支付技术创新的支持力度以及技术研发能力
5	同质竞争	移动支付企业之间的竞争
6	内部管理	移动支付企业内部管理机制

续表

序号	要素	指标解释
7	业务范围	移动支付平台所涉及的业务以及能够为用户提供的服务类型
8	商家	商家是否在销售商品或服务时支持并提供移动支付付款功能
9	沉淀资金	又称为客户备付金,为了使网络支付更加安全,移动支付的付款和收款环节不同步,存在一定的时间差,款项就滞留在支付平台中,部分货款就是移动支付中的沉淀资金
10	服务品质	用户对移动支付平台服务的满意度
11	网络普及	互联网和网络通讯设备的普及程度
12	盈利模式	移动支付企业获取利益的途径和方式
13	信息安全	移动支付对用户隐私信息的安全保障程度
14	法律监管	相关机构对移动支付等互联网金融领域指定的法律法规,以及相关监管机构制定的监管机制
15	互联网金融	互联网金融与移动支付的发展密不可分,所以互联网金融业态的发展对移动支付的发展也有一定的影响
16	消费习惯	消费者购买产品或者服务时,对使用某种支付方式的习惯
17	用户特征	指用户的年龄、性别、学历、职业等个人特征
18	信用机制	移动支付平台对信用行为及关系的规范和保证
19	用户需求	用户对消费支付方式以及移动支付所提供服务的需求程度

第二部分:问卷内容

请您对当前在移动支付市场发展局势下,衡量影响移动支付发展指标程度高低的下列 19 个指标及其重要程度做出判断和评价(请您在适当的等级上打钩"√")。

表 A-2　指标评价

序号	要素	非常重要	重要	一般
1	市场规模			
2	货币流通速度			

序号	要素	非常重要	重要	一般
3	银行竞合			
4	技术创新			
5	同质竞争			
6	内部管理			
7	业务范围			
8	商家			
9	沉淀资金			
10	服务品质			
11	网络普及			
12	盈利模式			
13	信息安全			
14	法律监管			
15	互联网金融			
16	消费习惯			
17	用户特征			
18	信用机制			
19	用户需求			

附录 B 关于用户使用移动支付手段感知风险影响指标的德尔菲法调查问卷

尊敬的女士/先生:

您好,感谢您在百忙之中抽出时间参与本次调查问卷。我们在对使用移动支付的消费者进行移动支付用户感知风险影响指标的调查研究。您是知名相关领域专家,您的宝贵意见对本人设计这一评价体系具有重要的意义。本问卷评语集区间表达为"非常重要""重要"和"一般"三个量级,请您在适当的等级上打钩"√"。本次问卷采用匿名调查方式,所获得的数据仅供学术研究之用。我们将恪守科学研究道德规范,做到问卷信息严格保密,请您客观真实填答。

再次感谢您的参与,祝您万事如意!

第一部分:指标说明

表 B-1 拟用于衡量移动支付用户感知风险影响指标解释

序号	影响因素	因素解释
1	社会群体环境	通过一定的社会关系结合起来进行共同活动的集体,指是否容易接受朋友推荐使用移动支付工具
2	互联网环境	用户在活动中可以使用互联网资源的场所
3	文化环境	指社会群体生存所处的社会结构、社会习俗、信仰和价值观念、行为规范等因素的形成和变动
4	移动支付的声誉和规模	用户对移动支付企业服务的一种由情感反应和理性认知构成的综合印象以及其参与的市场份额
5	移动支付的服务类型	建立丰富多样的活动服务形式,加强用户对移动支付服务的认可度和归属感
6	移动支付提供的技术操作水平	移动支付企业对支付系统稳定和拥有先进技术的能力
7	移动支付的安全保证	移动支付企业为用户提供的保障隐私信息的保证

序号	影响因素	因素解释
8	用户个体特征	主要指性别、年龄、收入等
9	用户的风险偏好	用户承担风险的基本态度,也是个人感知决策情景及制定风险决策的重要前导因素
10	用户上网经历	用户接触并使用网络的经历时长
11	用户对支付工具的知识了解	指用户的知识水平,以及对移动支付的熟悉程度
12	用户信任	用户对移动支付使用的信任接受程度
13	卷入程度	主要指使用移动支付时受其吸引的程度

第二部分:问卷内容

请您对当前在移动支付市场发展局势下,衡量用户使用移动支付过程中感知风险影响指标的程度高低对下列 13 个指标及其重要程度做出判断和评价(请您在适当的等级上打钩"√")。

表 B-2　指标评价

序号	指标	非常重要	重要	一般
1	社会群体环境			
2	互联网环境			
3	文化环境			
4	移动支付的声誉和规模			
5	移动支付的服务类型			
6	移动支付提供的技术操作水平			
7	移动支付的安全保证			
8	用户个体特征			
9	用户的风险偏好			
10	用户上网经历			
11	用户对支付工具的知识了解			
12	用户信任			
13	卷入程度			

附录 C 关于移动支付服务用户感知风险维度调查问卷

尊敬的先生/女士：

您好！首先感谢您在百忙之中填写这份调查问卷。本问卷旨在研究我国目前移动支付服务用户的感知风险维度，您所提供的答案不涉及价位判断，也没有对错、优劣之分，所以您只需要按照您平时的实际情况和想法作答，您的回答对我们的研究至关重要，敬请认真作答并且不要遗漏任何一道题。本问卷采用匿名调查的方式，您所填写的内容仅供科研统计使用，绝不会作个别案例研究，也不会涉及任何其他目的，绝不对外公开！请您放心作答。感谢您的协助与配合！

再次感谢您的参与，祝您万事如意！

【移动支付】：移动支付也称为手机支付，就是允许用户使用其移动终端（通常是手机）对所消费的商品或服务进行账务支付的一种服务方式。问卷所涉及的移动支付是指您从事下列"任意一项"活动：（1）基于手机话费账户，通过移动运营商进行代收费业务，如网上下载 APP、铃声、图片、文档，网站会员注册缴费，以及腾讯的 QQ 会员缴费等；（2）通过手机短信、GPRS、手机内置芯片近距离感应等多种方式进行支付，如手机钱包、手机银行以及手机刷卡消费等；（3）使用第三方支付平台的手机客户端，如支付宝、微信钱包、财付通等，通过手机网络或无线网络进行缴费、购物等；（4）使用"云闪付"类似 APP 乘坐公交、地铁等。

第一部分：基本情况调查

1.您是否使用过移动支付业务：

☐ 是（请继续答题）

☐ 否（结束答题，请提交问卷）

2.您的性别：（单选题＊必答）

☐ 男

☐ 女

3.您的年龄：（单选题＊必答）

☐ 16 岁以下

☐ 16～24 岁

□ 25～30 岁

□ 30～35 岁

□ 36～40 岁

□ 40 岁以上

4.您正在攻读或已获得的最高学历:(单选题 * 必答)

□ 大专或以下

□ 本科

□ 硕士及以上

5.您已使用移动支付多久:(单选题 * 必答)

□ 一个月以下

□ 1～6 个月

□ 6 个月～1 年

□ 1 年～2 年

□ 2 年～3 年

□ 3 年以上

6.您目前月收入是:(单选题 * 必答)

□ 4000 元以下

□ 4000～8000 元

□ 8000～10000 元

□ 10000 元以上

7.您每个月使用移动支付的消费约占总消费的比重:(单选题 * 必答)

□ 10％以下

□ 10％～20％

□ 20％～50％

□ 50％以上

第二部分:问卷内容

　　针对您在使用移动支付过程中的实际感受,请按您真实的经历和感受回答以下问题。请您依据在移动支付使用过程中的整体实际感受,您最认同选项打钩"√",表示相应的同意程度。

8.（矩阵单选题＊必答）

请您对下列描述的认同程度勾选。					
1＝非常不同意、2＝不同意、3＝中性、4＝同意、5＝非常同意。					
可能使绑定的银行账户和密码处于被窃取的风险中。	1	2	3	4	5
使用移动支付可能导致财务信息泄露。	1	2	3	4	5
存在恶意收费、不按规定收费、不合理收费现象。	1	2	3	4	5
当注销该移动支付账号时，预支付的费用有可能得不到退还。	1	2	3	4	5
担心我的姓名、照片、年龄等隐私个人信息在不知晓的情况下被使用、共享、租售。	1	2	3	4	5
无线网络的开放性可致个人信息被截获、入侵。	1	2	3	4	5
个人的消费支付记录可能跟踪并分析。	1	2	3	4	5
移动支付定位可能暴露用户行踪。	1	2	3	4	5
系统可能发生故障或不能提供所承诺的服务。	1	2	3	4	5
可能由于运行不好，从而给我带来不利的影响。	1	2	3	4	5
该服务可能达不到所期望的服务绩效水平。	1	2	3	4	5
该服务可能表现不佳且不能正确地处理支付功能。	1	2	3	4	5
移动服务可致他人对我的负面看法。	1	2	3	4	5
使用该服务可能导致亲人和朋友对我的评价降低。	1	2	3	4	5
使用该服务可能造成心理压力。	1	2	3	4	5
该服务与自我形象和观念不符，可能感到不舒服。	1	2	3	4	5
该服务可能造成没有必要的紧张和焦虑。	1	2	3	4	5
使用移动服务可能导致时间损失。	1	2	3	4	5
如果支付系统出错，改正错误可能导致时间损失。	1	2	3	4	5
学习如何使用该移动服务可能会花费时间。	1	2	3	4	5
使用移动支付服务会导致风险。	1	2	3	4	5

附录 D　关于用户使用移动支付的购买意向调查问卷

尊敬的先生/女士：

您好！感谢您在百忙之中抽出时间参与本次问卷调查。本人正在做一项关于移动支付对消费者行为意向的影响因素的调查研究，是一份学术问卷，恳请您能提供帮助。您的意见对于本项研究至关重要。

此问卷采用的是匿名形式，您所提供的资料仅供本研究使用，个人资料绝对保密，请您放心作答。衷心感谢您的支持与合作！

再次祝您身体健康！生活愉快！

第一部分：矩阵单选题（必答题）

请您对下列描述的认同程度勾选。					
1=非常不同意、2=不同意、3=中性、4=同意、5=非常同意。					
我认为移动支付可以随时随地购买商品或服务	1	2	3	4	5
我认为移动支付可以帮助我管理现金账户	1	2	3	4	5
我认为移动支付设备携带方便	1	2	3	4	5
我认为移动支付在超市等实体店购物，付款更便利	1	2	3	4	5
我认为使用移动支付很安全	1	2	3	4	5
我认为移动支付能很好地保护个人隐私性	1	2	3	4	5
我认为移动支付账户的安全保障措施很多	1	2	3	4	5
如果周围人都在使用移动支付，我会尝试使用	1	2	3	4	5
如果周围人或商铺推荐我使用移动支付，我会尝试使用	1	2	3	4	5
我认为使用手机移动支付是一种潮流和趋势	1	2	3	4	5
我认为使用移动支付节约了时间和费用	1	2	3	4	5
我认为使用移动支付省去了去固定网点充值缴费的麻烦	1	2	3	4	5
我认为使用移动支付提高了生活品质	1	2	3	4	5
我认为使用移动支付是对我有用的	1	2	3	4	5
我认为学习使用移动支付不会花费我太多时间和精力	1	2	3	4	5
我认为操作使用移动支付对我来说很容易	1	2	3	4	5

续表

我认为移动支付/交易的操作过程快捷流畅	1	2	3	4	5
我认为移动支付操作界面的设计简洁易懂	1	2	3	4	5
我认为移动支付适合我的个性和习惯	1	2	3	4	5
我认为移动支付能帮助我提高生活和工作效率	1	2	3	4	5
我认为移动支付可以代替其他类型的支付方式(例如现金等)	1	2	3	4	5
我在使用移动支付时会担心账户中的资金不安全	1	2	3	4	5
我担心商家或支付服务商会收集并利用我的个人信息	1	2	3	4	5
我担心如果使用移动支付发生交易差错得不到相应的补偿	1	2	3	4	5
当我打开移动支付应用浏览时,我会有买东西的想法	1	2	3	4	5
当我的移动支付账户有可支配的金钱,我会有买东西的想法	1	2	3	4	5
我会向周围的人推荐使用移动支付功能	1	2	3	4	5
我愿意继续使用移动支付账户来进行支付	1	2	3	4	5

第二部分:基本情况调查

1.您的性别:(单选题 * 必答)
□ 男
□ 女

2.您的年龄:(单选题 * 必答)
□ 18 岁以下
□ 18～24 岁
□ 25～30 岁
□ 31～35 岁
□ 36 岁以上

3.您的教育程度:(单选题 * 必答)
□ 大专及以下
□ 本科
□ 硕士(含 MBA)
□ 博士及以上

4.您使用手机移动支付有多长时间了:(单选题 * 必答)
□ 6 个月以下
□ 6 个月～1 年

□ 1 年～2 年

□ 2 年～3 年

□ 3 年以上

5.您平均每个月使用手机移动支付的次数(包括购物、转账、买火车票汽车票飞机票、生活缴费、手机充值、发红包、抢红包等):(单选题 ＊ 必答)

□ 10 次以下

□ 10 到 30 次

□ 30 到 50 次

□ 50 到 100 次

□ 100 次以上

6.您在使用移动支付时,曾经交易过的最高金额为:(单选题 ＊ 必答)

□ 500 元以下

□ 500～1000 元

□ 1000～3000 元

□ 3000～5000 元

□ 5000～10000 元

□ 10000 元以上

7.您每个月使用移动支付的金额占您每月生活费用的百分比是:(单选题 ＊ 必答)

□ 10％以下

□ 10～20％

□ 20～50％

□ 50～90％

□ 90％以上

附录 E　移动支付用户持续使用影响因素调查

尊敬的先生/女士：

　　您好！首先感谢您在百忙之中填写这份调查问卷。本问卷旨在研究我国目前移动支付用户持续使用行为影响因素,您所提供的答案不涉及价位判断,也没有对错、优劣之分,所以您只需要按照您平时的实际情况和想法作答,您的回答对我们的研究至关重要,敬请认真作答并且不要遗漏任何一道题。本问卷采用匿名调查的方式,您所填写的内容仅供科研统计使用,绝不会作个别案例研究,也不会涉及任何其他目的,绝不对外公开！请您放心作答。感谢您的协助与配合！

　　再次感谢您的参与,祝您万事如意！

第一部分:基本情况调查

　　1.您是否使用过移动支付业务:

　　□ 是(请继续答题)

　　□ 否(结束答题,请提交问卷)

　　2.您的性别:(单选题 ＊ 必答)

　　□ 男

　　□ 女

　　3.您的年龄:(单选题 ＊ 必答)

　　□ 20 岁以下

　　□ 21～30 岁

　　□ 31～40 岁

　　□ 40 岁以上

　　4.您的职业:(单选题 ＊ 必答)

　　□ 公司/企业一般职员

　　□ 国企/事业单位职员

　　□ 教师/科研人员

　　□ 学生

　　□ 个体商户

　　□ 其他

5.您正在攻读或已获得的最高学历:(单选题＊必答)

　□ 大专或以下

　□ 本科

　□ 硕士

　□ 博士及以上

6.您使用手机移动支付有多长时间了:(单选题＊必答)

　□ 6 个月以下

　□ 6 个月～1 年

　□ 1 年～2 年

　□ 2 年～3 年

　□ 3 年以上

7.您目前可支配月收入是:(单选题＊必答)

　□ 1000 元以下

　□ 1000～3000 元

　□ 3000～5000 元

　□ 5000 元以上

第二部分:问卷内容

　　针对您在使用移动支付过程中的实际感受,请按您真实的经历和感受回答以下问题。请您依据在移动支付使用过程中的整体实际感受,选择您最认同选项打钩"√",表示相应的同意程度。

　　8.(矩阵单选题＊必答)

	非常不同意	比较不同意	一般同意	比较同意	非常同意
使用移动支付使我的购买、交易过程变得更方便快捷					
使用移动支付可以享受商家优惠活动					
移动支付节约了我排队的时间					
使用移动支付可以减少了银行服务的地点、时间的限制					

9.（矩阵单选题＊必答）

	非常 不同意	比较 不同意	一般 同意	比较 同意	非常 同意
使用移动支付的实际体验比我预期的要方便高效					
移动支付提供的安全性比我预期的要好					
移动支付提供的服务比我预期的要丰富					
我对移动支付的期望基本得到满足					

10.（矩阵单选题＊必答）

	非常 不同意	比较 不同意	一般 同意	比较 同意	非常 同意
我对移动支付提供的服务很满意					
我对移动支付过程的安全性很满意					
使用移动支付后,我觉得使用移动支付是明智的					

11.（矩阵单选题＊必答）

	非常 不同意	比较 不同意	一般 同意	比较 同意	非常 同意
很多朋友推荐我使用移动支付					
对我很重要的人(领导、家人等)鼓励、建议我使用移动支付					
媒体经常提及移动支付,各种购物网站对使用移动支付有优惠,我会受到这些情况影响					
使用移动支付后,使我相对于未使用者,工作生活效率更高					

12.（矩阵单选题 ∗ 必答）

	非常 不同意	比较 不同意	一般 同意	比较 同意	非常 同意
通过移动支付来购物、缴费等,对我来说很容易					
就算未使用过移动支付,我也可以通过自己 学习或看他人					
使用移动支付后,我也可以独立完成支付					
就算使用移动支付遇到困难了,我也能解决					

13.（矩阵单选题 ∗ 必答）

	非常 不同意	比较 不同意	一般 同意	比较 同意	非常 同意
我担心使用移动支付,会致使个人信息泄露					
我担心银行卡、电子钱包账号密码被盗导致 资金损失					
我担心支付过程耗费过多时间,影响效率					
我担心移动支付过程中,操作失误造成财产 损失					
我担心移动支付的技术不能保证交易金额 正确流转					
我担心移动支付服务商使用技术手段盗取 我的财产					

14.（矩阵单选题 ∗ 必答）

	非常 不同意	比较 不同意	一般 同意	比较 同意	非常 同意
对我来说,使用移动支付是一件很自然的事情					
我已经习惯了在需要支付的时候,首先选择 移动支付					
移动支付已成为我工作生活的重要方式,不 会随意改变					

15.（矩阵单选题 * 必答）

	非常 不同意	比较 不同意	一般 同意	比较 同意	非常 同意
我有意愿继续使用移动支付					
我没有使用其他支付手段的意向					
如果让我重新选择,我还是愿意选择移动支付					

16.（矩阵单选题 * 必答）

	非常 不同意	比较 不同意	一般 同意	比较 同意	非常 同意
如果网络环境、移动设备等外部条件都具备,我愿意使用移动支付					
如果商家提供移动终端支付,我会选择移动支付					
商家安排专业人员为我使用移动支付业务提供帮助时,我更愿意乐于使用移动支付					

参考文献

[1]Slovic P. Perceived Risk, Trust, and Democracy[J]. Risk Analysis, 2010,13(6):675-682.

[2]Mitchell V W, Nygaard A. Consumer perceived risk:Conceptualisations and models[J]. European Journal of Marketing,1999,33(1/2): 163-195.

[3]Featherman MS, Pavlou PA. Predicting eservicesed option:aperceived risk facets perspective[J]. International Journal of Human Computer Studies,2003,59(4):451-474.

[4]Dahlberg T, Mallat N, Ondrus J, et al. Past, Present Future of Mobile Payments Research: A Literature Review[J]. Electronic Commerce Research & Applications,2009,7(2):165-181.

[5]Oliveira T, Thomas M, Baptista G, et al. Mobile payment:Understanding the determinants of customer adoption and intention to recommend the technology[J]. Computers in Human Behavior, 2016,61:404-414.

[6]Sweeney J C, Soutar G N, Johnson L W. The role of perceived risk in the quality-value relationship:A study in a retail environment[J]. Journal of Retailing,1999,75(1):77-105.

[7]Montgomery G H, Erblich J, Dilorenzo T, et al. Family and friends with disease:their impact on perceived risk[J]. Preventive Medicine,2003, 37(3):242-249.

[8]Alhakami A S, Slovic P. A Psychological Study of the Inverse Relationship Between Perceived Risk and Perceived Benefit[J]. Risk analysis:an official publication of the Society for Risk Analysis,1994,14(6): 1085-1096.

[9]Kim D J, Ferrin D L, Rao H R. A trust-based consumer decisionmaking model in electronic commerce:The role of trust, perceived risk, and their antecedents[J]. Decision Support Systems,2008,44(2):544-564.

[10]Kerviler G D,Demoulin N T M,Zidda P. Adoption of in-store mobile payment：Are perceived risk and convenience the only drivers? [J]. Journal of Retailing & Consumer Services,2016,31：334-344.

[11]Bettman J R. Perceived Risk and Its Components：A Model and Empirical Test[J]. Journal of Marketing Research,1973,10(2)：184-190.

[12]Stone R N,Kjell Grønhaug. Perceived Risk：Further Considerations for the Marketing Discipline[J]. European Journal of Marketing,2013,27(3)：39-50.

[13]Cox D F,Rich S U. Perceived Risk in Consumer Decision Making—The Case of Telephone Shopping[J]. Journal of Marketing Research,1964,1(4)：32-39.

[14]Vassie L,Slovic P,Fischhoff B,et al. Facts and Fears：Understanding Perceived Risk[J]. Policy and Practice in Health and Safety,2005,3(sup1)：65-102.

[15]Slovic P,Fischhoff B,Lichtenstein S. Facts and Fears：Understanding Perceived Risk[M]//Societal Risk Assessment. Springer US,1980.

[16]Lerner J S,Gonzalez R M,Small D A,et al. Effects of fear and anger on perceived risks of terrorism：a national field experiment[J]. Psychological Science,2010,14(2)：144-150.

[17]Holdsworth R J,Cuschieri A,Irving A D. Postsplenectomy sepsis and its mortality rate：Actual versus perceived risks[J]. British Journal of Surgery,2010,78(9)：1031-1038.

[18]Murray K B,Schlacter J L. The impact of services versus goods on consumers' assessment of perceived risk and variability[J]. Journal of the Academy of Marketing Science,1990,18(1)：51-65.

[19]Lee M C. Factors influencing the adoption of internet banking：an integration of TAM and TPB with perceived risk and perceived benefit [J]. Electronic Commerce Research & Applications,2009,8(3)：130-141.

[20]Conchar M P,Zinkhan G M,Peters C,et al. An integrated framework for the conceptualization of consumers' perceived-risk processing [J]. Journal of the Academy of Marketing Science,2004,32(4)：418-436.

[21]Dowling G R. Perceived risk：The concept and its measurement [J]. Psychology and Marketing,1986,3(3)：193-210.

[22]Lim N. Consumers' perceived risk: sources versus consequences [J]. Electronic Commerce Research and Applications,2003,2(3):216-228.

[23]Kaplan L B,Szybillo G J,Jacoby J. Components of perceived risk in product purchase: A cross-validation[J]. Journal of Applied Psychology,1974,59(3):287-291.

[24]Dowling G R,Staelin R. Model of Perceived Risk and Intended Risk-handling Activity | Journal of Consumer Research Oxford Academic [J]. Journal of Consumer Research,1994,21(1):119-134.

[25]Heshka J T,Palleschi C,Howley H,et al. A systematic review of perceived risks, psychological and behavioral impacts of genetic testing [J]. Genetics in Medicine,2008,10(1):19-32.

[26]Garbarino E,Strahilevitz M,Woodside A G. Gender differences in the perceived risk of buying online and the effects of receiving a site recommendation[J]. Journal of Business Research,2004,57(7):768-775.

[27]Grewal D,Marmorstein G H. The Moderating Effects of Message Framing and Source Credibility on the Price-Perceived Risk Relationship [J]. Journal of Consumer Research,1994,21(1):145-153.

[28]Weber E U,Hsee C. Cross-Cultural Differences in Risk Perception,but Cross-Cultural Similarities in Attitudes Towards Perceived Risk [M]. INFORMS,1998.

[29] Hsee W C. Cross-Cultural Differences in Risk Perception,but Cross-Cultural Similarities in Attitudes towards Perceived Risk[J]. Management Science,1998,44(9):1205-1217.

[30]Chen L D. A model of consumer acceptance of mobile payment [M]. Inderscience Publishers,2008.

[31]Karnouskos S. Mobile payment: A journey through existing procedures and standardization initiatives[J]. IEEE Communications Surveys & Tutorials,2004,6(4):44-66.

[32]Choi H,Choi Y J. The Impact Perceived Risk on User's Trust and Continuance Intention in Mobile Payment Systems[J]. 2016,20(6):1096-1102.

[33]Schierz P G,Schilke O,Wirtz B W. Understanding consumer acceptance of mobile payment services: An empirical analysis[J]. Electronic Commerce Research and Applications,2010,9(3):209-216.

[34]Zhou T. An empirical examination of continuance intention of mobile payment services[J]. Decision Support Systems,2013,54(2):1085-1091.

[35]Au Y A,Kauffman R J. The economics of mobile payments:Understanding stakeholder issues for an emerging financial technology application[J]. Electronic Commerce Research & Applications,2009,7(2):141-164.

[36]Paul. An Experimental Study of Consumer Effort, Expectation and Satisfaction [J]. Journal of Marketing Research,2003,2(3):244-249.

[37]Kim C,Mirusmonov M,Lee I. An empirical examination of factors influencing the intention to use mobile payment[J]. Computers in Human Behavior,2010,26(3):310-322.

[38]Lu Y,Yang S,Chau P Y K,et al. Dynamics between the trust transfer process and intention to use mobile payment services:A cross-environment perspective[J]. Information & Management,2011,48(8):393-403.

[39]Gao J,Kulkarni V,Ranavat H,et al. A 2D Barcode-Based Mobile Payment System[C]//International Conference on Multimedia & Ubiquitous Engineering. IEEE,2009.

[40]Kungpisdan S,Srinivasan B,Le P D. A secure account-based mobile payment protocol[C]//International Conference on Information Technology:Coding & Computing. IEEE Computer Society,2004.

[41]Karnouskos S. Mobile payment:A journey through existing procedures and standardization initiatives[M]. IEEE Press,2004.

[42]Jun M,Cai S. The key determinants of Internet banking service quality:a content analysis[J]. International Journal of Bank Marketing,2001,19(7):276-291.

[43]Zhou T. An empirical examination of initial trust in mobile banking[J]. Internet Research Electronic Networking Applications & Policy,2011,77(2):1519-1531.

[44]Tan W H,Ooi K B,Chong S C,et al. NFC mobile credit card:The next frontier of mobile payment? [J]. Telematics & Informatics,2014,31(2):292-307.

[45]Ondrus J,Pigneur Y. Towards A Holistic Analysis of Mobile

Payments: A Multiple Perspectives Approach. Electronic Commerce Research and Application[J]. Electronic Commerce Research & Applications,2007,5(3):246-257.

[46]Bachfischer A. Evaluating wireless technologies in mobile payments-A customer centric approach[C]. International Conference on Mobile Business. IEEE,2005.

[47]Yang S,Lu Y,Gupta S,et al. Mobile payment services adoption across time: An empirical study of the effects of behavioral beliefs,social influences,and personal traits[J]. Computers in Human Behavior,2012,28 (1):129-142.

[48]Morosan C,Defranco A. It's about time: Revisiting UTAUT2 to examine consumers' intentions to use NFC mobile payments in hotels[J]. International Journal of Hospitality Management,2016,53:17-29.

[49]Xie N. Analysis of Consumers' Perceived Risk Dimension and Risk Level of Online Shopping Logistics[J]. Logistics Technology,2013, 11.

[50]Hassinen M,Konstantin Hyppönen, Haataja K. An Open,PKI-Based Mobile Payment System[J]. Lecture Notes in Computer Science, 2006:86-100.

[51]Ondrus J,Pigneur Y. A Disruption Analysis in the Mobile Payment Market[C]//Hawaii International Conference on System Sciences. IEEE,2005.

[52]Karoubi B,Chenavaz R,Paraschiv C. Consumers' perceived risk and hold and use of payment instruments[J]. Applied Economics,2016,48 (14):1317-1329.

[53]Valcourt E,Robert J M,Beaulieu F. Investigating mobile payment:Supporting technologies,methods,and use[C]//IEEE International Conference on Wireless & Mobile Computing. IEEE,2005.

[54]Lim A S. Inter-consortia battles in mobile payments standardisation[J]. Electronic Commerce Research and Applications,2008,7(2):202-213.

[55]Liébana-Cabanillas,Francisco,Sánchez-Fernández,Juan,MuñOz-Leiva F. Antecedents of the adoption of the new mobile payment systems: The moderating effect of age[J]. Computers in Human Behavior,2014,35:

464-478.

[56]Ricardo de Sena Abrahäo,Moriguchi S N,Andrade D F. Intention of adoption of mobile payment：An analysis in the light of the Unified Theory of Acceptance and Use of Technology(UTAUT)[J]. Rai Revista De Administraçāo E Inovaçāo,2016,13(3)：221-230.

[57]Agwu E M,Carter A L. Mobile Phone Banking In Nigeria：Benefits, Problems and Prospects[J]. Social Science Electronic Publishing, 2018.

[58]Ou C M,Ou C R. Adaptation of proxy certificates to non-repudiation protocol of agent-based mobile payment systems[J]. Applied Intelligence,2009,30(3)：233-243.

[59]Zheng X,Chen D. Study of mobile payments system[C]//IEEE International Conference on E-commerce. IEEE,2003.

[60]S Dinarević,S Kurtagić,H Maksić. Use of prostaglandins in neonatal cardiology[J]. Medicinski Arhiv,2000,54(5-6)：279.

[61]Lu-Chuan L,Fei W. Understanding Continuance Usage of Mobile Web Browser By using TTF and ECM-ISC Model[J]. Information Science,2014.

[62]Weiwei Z,Lu B. A Study on Crowdsourcing Community Users Continued Use Behavior：Based on ECM-ISC and Commitment Trust Theory[J]. Information & Documentation Services,2017.

[63]Yuan-Hao H,Qiu-Hua C,Xin-Tian X,et al. Empirical study on continuous usage of tourism WeChat public—Based on the extended model of ECM-ISC[J]. Journal of Fujian Agriculture & Forestry University, 2017.

[64]He M,Long X. The Study On The Effect Of Perceived Risk And Trust On Continuous Usage Of Mobile Medical APP——Based on the ECM-ISC[J]. Journalism & Communication Review,2016.

[65]Wenzheng Y,Jing Z,Kun L M,et al. An Empirical Study on Users' Continuance Behavior of Digital Education Resources：Based on the Extended Model of ECM-ISC[J]. China Educational Technology,2015.

[66]Liu L,Sun K. Extending ECM-ISC to Mobile Search Users' Continuance Usage：A Theoretical Model[J]. Library and Information Service, 2011.

[67]Kamilaris A,Pitsillides A. Mobile Phone Computing and the Internet of Things:A Survey[J]. IEEE Internet of Things Journal,2017,3(6):885-898.

[68]Liu Q,Zhou Z,Niu G,et al. Mobile phone addiction and sleep quality in adolescents:Mediation and moderation analyses[J]. Acta Psychologica Sinica,2017,72:108-114.

[69]陈元志,陈劲.移动支付产业的商业模式研究[J].企业经济,2012(8):101-106.

[70]陈华平,唐军.移动支付的使用者与使用行为研究[J].管理科学,2006,19(6):48-55.

[71]黄晓芳,周亚建,赖欣,等.基于第三方的安全移动支付方案[J].计算机工程,2010,36(18):158-159.

[72]岳云康.我国电子商务环境下的移动支付问题研究[J].中国流通经济,2008,22(1):40-43.

[73]杨国明,杨丽影.移动支付产业链分析[J].商业时代,2007(10):81-82.

[74]于丹,董大海,刘瑞明,等.网上购物风险来源、类型及其影响因素研究[J].大连理工大学学报(社会科学版),2007,28(2):13-19.

[75]施小华,王志坚.移动支付的安全方案研究[J].计算机技术与发展,2007,17(4):108-112.

[76]师群昌,帅青红.移动支付及其在中国发展探析[J].电子商务,2009(2):58-64.

[77]刘子龙.在线消费行为的感知风险研究[J].中国管理信息化,2007,10(10):69-71.

[78]刘磊.国内移动支付产业的协作模式[D].北京:北京邮电大学,2008.

[79]杨琪.消费者网上购物感知风险的前置影响因素——基于C2C网站的实证研究[D].成都:西南财经大学,2008.

[80]王潇雨,朱晓芸,杨枨.移动支付的安全交易平台的研究与开发[J].计算机工程与设计,2006,27(21):4157-4160.

[81]李林,陈吉慧.我国移动支付商业模式发展趋势研究[J].商业经济研究,2010(30):39-40.

[82]焦瑾璞.移动支付推动普惠金融发展的应用分析与政策建议[J].中国流通经济,2014(7):7-10.

[83]杨永清,张金隆,聂磊,等.移动增值服务消费者感知风险维度实证研究[J].工业工程与管理,2011,16(1):91-96.

[84]刘海二.互联网金融的基础设施:移动支付与第三方支付[J].国际金融,2014(5):72-77.

[85]冯伟涛,韩李枚.国外移动支付业务发展现状[J].通信企业管理,2008(7):63-65.

[86]马涛.我国移动支付业务发展分析[J].金融科技时代,2005,13(3):9-10.

[87]杨晨,杨建军.移动支付安全保障技术体系研究[J].信息技术与标准化,2010(7):17-20.

[88]魏守波,程岩.移动支付中用户信任的影响要素[J].系统工程,2010(11):9-15.

[89]李凯,孙旭丽,严建援.移动支付系统使用意愿影响因素分析:基于交换理论的实证研究[J].管理评论,2013,25(03):91-100.

[90]王晓娥.移动支付存在的主要问题及市场切入点分析[J].宁夏工程技术,2004,3(2):150-153.

[91]谷海颖,张云华,周振宇.我国移动支付产业链模式分析及其盈利测算[J].上海金融,2011(9):15-21.

[92]赵艳丽,张云华.应用计划行为理论研究中国的移动支付发展[J].计算机工程与设计,2009,30(9):2311-2314.

[93]张李义,张然.技术接受模型(TAM)关键变量前因分析[J].信息资源管理学报,2015(2):11-20.

[94]黄顺铭,李妍.移动阅读的"技术接受模型"(TAM)——一个结构方程模型的分析[J].新闻界,2015(21):34-41.

[95]赵昆,张建强.技术接受模型 TAM 在教学软件评价选择中的实证研究[J].中国教育信息化,2010(3):75-77.

[96]孔伟成,陈水芬,綦晓燕.第三方支付过程中的感知风险研究——一种基于消费者对消费者模式的实证分析[J].浙江学刊,2011(4):174-179.

[97]马鑫龙.技术接受模型(TAM)的演化进程[J].江苏商论,2012(11):131-134.

[98]袁幹,王栋,金景泰.中国智能手机顾客满意度及再购买意图影响的研究——以技术接受模型(TAM)为中心[J].内蒙古民族大学学报(自然科学版),2014(2):161-168.

[99]罗江.技术接受模型(TAM)的整合模型[J].现代营销(经营版),2018(3).

[100]熊丹.基于 TAM 和感知风险的 BIM 应用推广机制研究[D].泉州:华侨大学,2015.

[101]谢黎蓉.技术接受模型演变综述[J].华中师范大学研究生学报,2014(1):155-161.

[102]赵文军.感知价值视角的移动 SNS 用户持续使用意向研究[J].科研管理,2017,V38(8):153-160.

[103]王娟.微博客用户的使用动机与行为——基于技术接受模型的实证研究[D].济南:山东大学,2010.

[104]任秀华,翟娜,杨晓敏.基于 TAM 模型的网络协作交流工具接受行为研究[J].开放教育研究,2011,17(4):108-112.

[105]赵磊磊,赵可云,侯丽雪,等.技术接受模型视角下教师 TPACK 能力发展研究[J].教育理论与实践,2015(11).

[106]王建琼.微型企业经营者个性特质对技术接受模型核心变量的影响分析[J].西南民族大学学报(人文社科版),2015(3):161-165.

[107]岳星.引入文化变量的移动支付业务 TAM 模型研究[D].北京:北京邮电大学,2011.

[108]羌莉莉.基于技术接受模型的有关学生对阿里学院在线培训接受程度的分析[D].上海:复旦大学,2013.

[109]吉洁.基于技术接受模型的大学生手机 APP 软件使用动机影响因素研究[D].南京:南京大学,2013.

[110]廖敏慧.TAM 模型在中国政府网站用户接受性中的作用研究[J].湖北行政学院学报,2008(s1):82-86.

[111]胡玉.社交网络服务使用行为:基于技术接受模型的检验[D].北京:北京大学,2010.

[112]刘百灵,夏惠敏,李延晖,等.保健和激励双因素视角下影响移动支付意愿的实证研究[J].管理学报,2017,14(4):600-608.

[113]黄浩,刘鲁,王建军.基于 TAM 的移动内容服务采纳分析[J].南开管理评论,2008,11(6):42-47.

[114]卢昕昀,张喆.基于 TAM 模型和感知风险的消费者网络团购参与意愿分析[J].市场营销导刊,2009(1):13-19.

[115]安诗芳,万江平.基于 TAM 的网上购物意向综合模型[J].情报杂志,2007,26(5):52-55.

[116]王月辉,王青.北京居民新能源汽车购买意向影响因素——基于TAM和TPB整合模型的研究[J].中国管理科学,2013(S2):691-698.

[117]张思,李勇帆.基于技术接受模型的高校教师网络教学行为研究[J].远程教育杂志,2014(3):56-63.

[118]雷晶,李霞.基于扩展技术接受模型的移动支付使用意愿信度及效度研究[J].统计与决策,2014,(18):98-100.

[119]明均仁.基于TAM模型的移动图书馆用户接受研究[J].图书馆建设,2013(11):45-49.

[120]何钦.UTAUT模型在我国信息采纳中的研究现状[J].科技信息,2011(11):69+96.

[121]王钱永,毛海波.基于UTAUT模型的MOOC学习行为因素分析[J].电化教育研究,2016(6):43-48.

[122]王莉.基于UTAUT模型的3G业务用户接受影响因素研究[D].北京:北京邮电大学,2009.

[123]吴亮,邵培基,盛旭东,等.基于改进型技术接受模型的物联网服务采纳实证研究[J].管理评论,2012(3).

[124]谭春辉,张洁,曾奕棠.基于UTAUT模型的消费者网络购物影响因素研究[J].管理现代化,2014,34(3):28-30.

[125]彭思晚,闫强.基于UTAUT模型的用户采纳微博的关键因素研究[J].现代装饰(理论),2012(1):147-149.

[126]郭文文.基于UTAUT模型的微博用户使用行为影响因素研究[D].大连:大连理工大学,2013.

[127]俞坤.基于UTAUT模型的移动互联网广告的用户接受模型的研究[D].北京:北京邮电大学,2012.

[128]刘炜.基于扩展TTF和UTAUT模型的老年用户社会化网络服务采纳行为研究[J].软科学,2015,29(3):120-124.

[129]张思.中小学教师使用网络学习空间影响因素研究——基于UTAUT模型的调查[J].中国电化教育,2016(3):99-106.

[130]罗东亚,张向群.消费者线下移动支付影响因素研究——基于江浙沪地区学生和上班族的调查[J].科技与管理,2017,19(1):68-73.

[131]朱多刚,郭俊华.基于UTAUT模型的移动政务采纳模型与实证分析[J].情报科学,2016,V34(9):110-114.

[132]杨楠.基于UTAUT模型的SNS服务用户接受影响因素分析[D].长春:东北师范大学,2011.

[133]李勇,田晶晶.基于 UTAUT 模型的政务微博接受度影响因素研究[J].电子政务,2015(6):39-48.

[134]曹倩,刘鹏程,王小洁.消费者第三方支付使用意愿及其影响因素研究——基于 CHFS(2011)调查数据的经验分析[J].宏观经济研究,2016(7):129-136.

[135]徐新雨.基于 UTAUT 模型的移动图书馆用户采纳意愿实证研究[D].西安:西北大学,2014.

[136]徐峰.基于整合 TOE 框架和 UTAUT 模型的组织信息系统采纳研究[D].济南:山东大学,2012.

[137]万力勇,赵呈领.基于 UTAUT 模型的民族地区中小学教师信息技术采纳与使用影响因素研究[J].现代远距离教育,2016(2):70-75.

[138]李红霞,赵呈领,蒋志辉,等.学前教师信息化教学接受度的影响因素——基于 UTAUT 模型的实证分析[J].学前教育研究,2017(4):14-25.

[139]李毅.教师信息技术使用的影响因素和调节效应的研究——基于 UTAUT 模型[J].中国电化教育,2016(10):31-38.

[140]王冰川.基于 UTAUT 模型的消费者网络团购行为研究[D].济南:山东大学,2013.

[141]王菲菲.基于 UTAUT 模型的大学生网络购物消费倾向研究[D].无锡:江南大学,2012.

[142]随欣.基于 UTAUT 模型的社会化团购网站消费者行为研究[D].北京:北京邮电大学,2012.

[143]王敬琪.基于 UTAUT 模型的"互联网＋医疗"产品偏好研究[J].科研管理,2017(s1):176-185.

[144]崔秀菊.基于 UTAUT 模型的移动学习用户接受影响因素研究[J].软件导刊,2014(12):4-6.

[145]彭宇辉.基于 UTAUT 模型的手机微博用户采纳影响因素研究[D].南昌:江西财经大学,2014.

[146]史薇薇.基于 UTAUT 模型对"使用者对信息中介的接受"的实证研究[D].北京:中国人民大学,2008.

[147]张宇.基于 UTAUT 模型的服务采纳行为研究:以邮政储蓄短信服务为例[J].当代经济科学,2015,6.

[148]李彩云.基于 UTAUT 模型的手机视频 APP 用户使用意愿影响因素研究[J].互联网天地,2014(11):200-201.

[149]毛羽,李冬玲.基于 UTAUT 模型的智慧养老用户使用行为影响因素研究——以武汉市"一键通"为例[J].电子政务,2015(11):99-106.

[150]袁心茹,金镇,赵一飞.基于 UTAUT 模型的消费者信心的影响因素研究[J].现代商业,2018(13).

[151]艾博.基于 UTAUT 模型的移动微博用户参与行为研究[J].消费导刊,2013(10):163-165.

[152]贾滞.基于 UTAUT 模型的手机银行用户采纳影响因素研究[D].长沙:湖南大学,2014.

[153]缪玲.基于 UTAUT 模型的移动学习行为意愿影响因素研究[J].广州广播电视大学学报,2015,15(2):7-13.

[154]杨青,李存金,闫永晶.基于 UTAUT 模型的高校学生 E-learning 采纳影响因素分析[J].科技和产业,2014,14(6):68-73.

[155]刘宇馨.基于感知风险的移动支付用户使用行为研究——以 Apple Pay 为例[J].科技经济导刊,2017(1):208-210.

[156]吴文汐,周婷.基于 UTAUT 模型的微信朋友圈原生广告接受度实证研究[J].广告大观(理论版),2016(5).

[157]刘勍勍,左美云,刘满成.基于期望确认理论的老年人互联网应用持续使用实证分析[J].管理评论,2012(5).

[158]陈瑶,邵培基.社交网站持续使用的实证研究——基于改进的期望确认模型[J].信息系统学报,2011(1):23-34.

[159]孙建军,裴雷,刘虹.基于期望确认模型的视频网站持续使用模型构建[J].图书情报知识,2013(5):82-88.

[160]张哲,王以宁,陈晓慧,等.MOOC 持续学习意向影响因素的实证研究——基于改进的期望确认模型[J].电化教育研究,2016(5):30-36.

[161]代宝,刘业政.基于期望确认模型、社会临场感和心流体验的微信用户持续使用意愿研究[J].现代情报,2015,35(3):19-23.

[162]代意玲,顾东晓,陆文星,等.医院信息系统持续使用意愿研究——基于技术接受模型和期望确认理论[J].计算机科学,2016,43(7):240-244.

[163]刘虹,裴雷,孙建军.基于期望确认模型的视频网站用户持续使用的实证分析[J].图书情报知识,2014(3):94-103.

[164]宁昌会,胡常春.基于期望确认理论的移动 App 持续使用意愿实证研究[J].商业研究,2015,61(12):136-142.

[165]樊轶.基于期望确认理论模型的移动商务用户持续使用行为研究

[J].现代经济信息,2015(6):65-66.

[166]顾东晓,张悦,顾佐佐,等.基于期望确认理论的社交网络正向舆情信息传播模型研究[J].情报科学,2016,V34(4):29-34.

[167]舒杰.政府内部办公系统用户持续使用意愿影响因素研究——基于期望确认理论视角[D].杭州:浙江大学,2010.

[168]常桂林,毕强,费陆陆.微信平台(公众号)用户持续使用意愿分析——基于期望确认模型与媒介系统依赖理论[J].图书馆学研究,2017(22):85-92.

[169]杨涛.电子图书用户持续使用行为研究:期望确认模型的扩展[J].图书馆学研究,2016(22):76-83.

[170]刘振华.B2C环境下移动购物持续使用意愿的影响因素研究—基于期望确认模型[J].商业经济研究,2017(17):49-52.

[171]张承伟,郭一蓉,何奇兵.第三方电子商务平台忠诚实证研究——基于改进的期望确认模型[J].信息系统学报,2017(1):1-12.

[172]李卫英.川黔民族地区基础教育信息资源持续使用意愿影响因素研究——基于期望确认理论视角[J].贵阳学院学报(社会科学版),2017(5):62-69.

[173]吴安.在线教育平台用户持续使用意愿研究——基于期望确认理论模型的分析验证[J].哈尔滨学院学报,2018,39(06):117-122.

[174]程威,徐丽丽,涂洁,等.整合感知价值到期望确认理论——以线上购买礼物为例[J].广东经济,2017(2).

[175]蒋宇澄.基于期望确认模型的科普网站用户持续使用意愿影响因素研究[D].合肥:中国科学技术大学,2017.

[176]金秋颖.基于期望确认模型的游戏直播平台观众持续使用研究[D].北京:北京外国语大学,2017.

[177]周代军.基于期望确认模型的第三方支付平台持续使用意愿研究[D].重庆:重庆工商大学,2017.

[178]王若楠,柳亚奇,刘宇.基于期望确认理论的运动 APP 持续使用模型构建[J].体育成人教育学刊,2017(6).

[179]何祎.基于期望确认模型的视频网站付费服务持续使用研究[D].厦门:厦门大学,2017.

[180]樊轶.基于期望确认理论的生活服务类移动应用持续使用行为研究[M].2016.

[181]李梓馨.以期望确认模型为基础的弹幕视频网站用户的持续使用

研究[D].武汉:华中科技大学,2016.

[182]刘虹.基于期望确认模型的视频网站持续使用研究[D].南京:南京大学,2013.

[183]韩啸,李洁.基于期望确认的信息系统持续使用模型研究:一项荟萃分析[J].图书情报工作,2018(1):54-60.

[184]赵青,梁工谦,王群.移动商务用户持续使用模型研究[J].科技管理研究,2013,33(1):249-253.

[185]郭莹莹.移动互联网业务持续使用影响因素研究[D].北京:北京邮电大学,2010.

[186]毕新华,齐晓云,段伟花.基于 Trust-ECM 整合模型的移动商务用户持续使用研究[J].图书情报工作,2011,55(14):139-87.

[187]朱学红.移动互联网用户消费行为意向研究[D].南京:南京邮电大学,2011.

[188]骆迪,薛君.网上消费者粘性行为的模型构筑——基于 IS—ECT 理论的消费者粘性研究[J].电子商务,2012(2):36-38.

[189]刘震宇,陈超辉.手机银行持续使用影响因素整合模型研究——基于 ECM 和 TAM 的视角[J].现代管理科学,2014(9):63-65.

[190]黄贺方.移动社交网络用户持续使用意向影响因素研究[D].南京:南京大学,2012.

[191]李向涛.移动支付消费者使用意愿模型及其实证研究[D].广州:华南理工大学,2013.

[192]周翔.消费者采纳和持续使用第三方移动支付的研究[D].北京:北京外国语大学,2016.

[193]王嘉琦.如何加强消费者持续使用移动支付的研究[J].科学技术创新,2017(4):279-279.

[194]张进.基于 UTAUT 模型对移动支付持续使用意愿影响因素的实证研究[D].大连:东北财经大学,2016.

[195]楚思.线下支付场景中消费者持续使用移动支付的影响因素研究[D].长沙:湖南师范大学,2016.

[196]董婷.移动支付用户持续使用意愿研究[D].南京:南京大学,2013.

[197]高佳.移动社交支付 APP 用户持续使用意愿研究[D].合肥:中国科学技术大学,2016.

[198]罗旭红,杨荣勤,周珊.基于 ISSM 移动支付用户持续使用意愿的

实证研究[J].经济师,2014(10):49-51.

[199]刘莉,周媚.移动支付用户持续使用意愿实证研究——基于心流体验视角[J].科技与管理,2016(6):99-103.

[200]周媚.基于心流理论的移动支付用户持续使用意愿研究——以Apple Pay用户为例[J].管理观察,2017(2):91-94.

[201]王曦婕.基于扩展ECM-ISC的移动支付用户持续使用行为影响因素研究[D].西安:西安邮电大学,2016.

[202]钟心.个人创新性对移动支付用户持续使用意向的影响研究:相对优势和感知风险的中介作用[D].沈阳:东北大学,2014.

[203]赵延昇,高佳.移动社交支付APP用户持续使用意愿研究——主观参照的调节作用[J].大连理工大学学报(社会科学版),2015(4):47-52.

[204]田水潆.支付宝和微信支付的用户持续使用意愿影响差异研究[D].哈尔滨:哈尔滨工业大学,2017.

[205]方珊.移动支付平台用户体验研究[D].上海:上海工程技术大学,2016.

[206]周珊.移动支付使用者接受研究[D].北京:北京印刷学院,2015.

[207]陈雅乔.影响用户持续使用手机支付APP的因素研究[D].北京:对外经济贸易大学,2015.

[208]刘超.微信支付的消费者持续使用意愿实证分析[D].大连:东北财经大学,2014.

[209]包正江.移动支付对顾客满意的影响机制研究[D].武汉:华中科技大学,2016.

[210]段超群.基于创新扩散理论的移动支付用户忠诚研究——以支付宝钱包为例[D].济南:山东大学,2015.

[211]倪文珊.网络理财用户的持续使用意愿影响因素研究[D].南京:南京大学,2015.

[212]贾鹏飞.大学生持续使用移动购物平台意愿的影响因素研究[D].合肥:安徽大学,2017.

[213]李瑞琴.移动支付推广的影响因素及其作用机制研究[D].上海:东华大学,2015.

[214]林敏捷.生活服务类O2O持续使用影响因素研究[D].昆明:云南财经大学,2016.

[215]吴宇婷,刘瑛祺.基于NFC技术的移动支付系统实现方案[J].铁路计算机应用,2017,26(8):43-46.

[216]李兆洋.移动支付在我国的应用和发展[J].科研,2017(12):49.

[217]王杰.移动社交支付 APP 用户接受行为研究[D].杭州:浙江工商大学,2015.

[218]钟玲.探析移动支付对农村消费潜力的释放作用[J].消费导刊,2008(15):15-16.

[219]高端鸿.微信支付用户的使用意愿影响因素研究[D].大连:东北财经大学,2014.

[220]益普索.互联网金融背景下的移动支付暨手机银行市场研究[J].市场研究,2014(8).

[221]高超超,高哲,田家驰.基于个人金融生态系统的建行"龙支付"的发展障碍与出路——以在大学生市场上的使用为例[J].时代金融,2018(14).

[222]芮政.基于专利信息分析的移动支付安全技术研究[D].昆明:昆明理工大学,2017.

[223]潘爱武.我国发展移动支付的障碍及对策[J].数字化用户,2013(20).

[224]刘鲁川,孙凯.基于扩展 ecm-isc 的移动搜索用户持续使用理论模型[J].图书情报工作,2011,55(20):134-137.

[225]张静.数字教育资源用户 持续使用行为实证研究——基于扩展的 ECM—ISC 模型[J].中国电化教育,2015(11):54-61.

[226]刘鲁川,刘亚文,孙凯,等.整合 U&G 与 ECM-ISC 的微博用户持续使用行为模式研究[C]//2012 中国信息经济学年会会议论文集,2012.

[227]王菲.基于 TTF 和 ECM-ISC 模型的手机浏览器用户持续使用意向影响因素研究[D].济南:山东财经大学,2012.

[228]黄元豪,陈秋华,修新田,等.旅游微信公众号用户持续使用意愿实证研究——基于扩展的 ECM-ISC 模型[J].福建农林大学学报:哲学社会科学版,2017,20(6):91-99.

[229]侯贵生,曲薪池,王鹏民,等.基于 ECM-ISC 模型的健康管理类 APP 用户粘性形成及强化研究[J].山东科技大学学报(社会科学版),2018(3).

[230]张薇薇,柏露.众包社区用户持续使用行为研究——基于 ECM-ISC 和承诺信任理论[J].情报资料工作,2017(2).

[231]何明贵,龙晓丹.感知风险与信任对移动医疗 APP 持续使用的影响研究——基于 ECM-ISC 模型[J].新闻与传播评论,2016:152-165.

[232]王曦婕.基于扩展 ECM-ISC 的移动支付用户持续使用行为影响因素研究[D].西安:西安邮电大学,2016.

[233]曹园园,李君君,秦星红.SNS 采纳后阶段用户持续使用行为研究——基于情感依恋与 ECM-IS 的整合模型[J].现代情报,2016,36(10):81-88.

[234]赵杨,高婷.移动图书馆 APP 用户持续使用影响因素实证研究[J].情报科学,2015(6):95-100.

[235]刘鲁川,王菲.移动浏览器用户的感知匹配与持续使用意向研究[J].情报科学,2014(2):106-111.

[236]徐光,刘鲁川.慕课背景下学习伙伴对在线学习者持续使用行为的影响——基于协作学习视角*[J].山东师范大学学报(人文社会科学版),2015(5):135-142.

[237]杨甜.高校图书馆微信公众平台用户持续关注行为影响因素研究[J].情报探索,2017,1(2):95-103.

[238]唐莉斯,邓胜利.SNS 用户忠诚行为影响因素的实证研究[J].图书情报知识,2012(1):102-108.

[239]刘鲁川,孙凯,王菲,等.移动搜索用户持续使用行为实证研究[J].中国图书馆学报,2011(6):50-57.

[240]董大海,李广辉,杨毅.消费者网上购物感知风险构面研究[J].管理学报,2005,2(1):55-60.

[241]赵冬梅,纪淑娴.信任和感知风险对消费者网络购买意愿的实证研究[J].数理统计与管理,2010,29(2):305-314.

[242]皇甫静.阿里巴巴网络信用交易模式分析与研究[J].北方经济,2011(18):33-34.

[243]井淼,吕巍,周颖.消费者视角的网上购物感知风险影响因素[J].工业工程与管理,2006,11(3):91-95.

[244]张勇.第三方支付信息纳入人民银行征信体系的探索和思考[J].征信,2012(1):65-69.

[245]井淼,周颖,吕巍.互联网购物环境下的消费者感知风险维度[J].上海交通大学学报,2006,40(4):607-610.

[246]高海霞.消费者购买决策的研究——基于感知风险[J].企业经济,2004(1):92-93.

[247]高海霞.消费者的感知风险及减少风险行为研究[D].杭州:浙江大学,2003.

[248]基于感知收益—感知风险框架的O2O模式下生鲜农产品购买意愿研究[J].中国软科学,2015(6):128-138.

[249]潘煜,张星,高丽.网络零售中影响消费者购买意愿因素研究——基于信任与感知风险的分析[J].中国工业经济,2010(7):115-124.

[250]井淼,周颖,王方华.网上购物感知风险的实证研究[J].系统管理学报,2007,16(2):164-169.

[251]高海霞.感知风险在消费者购买决策中的应用研究[J].商业研究,2004(1):90-92.

[252]许晖,许守任,王睿智.消费者旅游感知风险维度识别及差异分析[J].旅游学刊,2013(12).

[253]张玉峰,周磊,杨威,等.电子商务团购消费者感知风险研究[J].情报科学,2011(10):1505-1508.

[254]马桂琴.第三方支付信息安全保障策略研究[J].商场现代化,2011(32):26-27.

[255]邵兵家,鄢智敏,鄢勇俊.B2C电子商务中感知风险降低策略的有效性研究[J].软科学,2006,20(4):131-135.

[256]卢昕昀,张喆.基于TAM模型和感知风险的消费者网络团购参与意愿分析[J].市场营销导刊,2009(1):13-19.

[257]全世文,曾寅初,刘媛媛.消费者对国内外品牌奶制品的感知风险与风险态度——基于三聚氰胺事件后的消费者调查[J].中国农村观察,2011(2):2-15.

[258]陈永昶,徐虹,郭净.导游与游客交互质量对游客感知的影响——以游客感知风险作为中介变量的模型[J].旅游学刊,2011,26(8):37-44.

[259]刘万利,胡培,许昆鹏.创业机会真能促进创业意愿产生吗——基于创业自我效能与感知风险的混合效应研究[J].南开管理评论,2011,14(5):83-90.

[260]史有春,耿修林,王春晓.不同产品感知风险的实证研究[J].商业经济与管理,2006(1):53-58.

[261]叶乃沂.消费者感知风险及上网购物行为研究[D].成都:西南交通大学,2008.

[262]李宝玲,李琪.网上消费者的感知风险及其来源分析[J].经济管理.

[263]江若尘,徐冬莉,严帆.网络团购中感知风险对信任及购买意愿的影响[J].现代财经(天津财经大学学报),2013(1):87-96.

[264]许晖,邹慧敏.企业的国际化感知风险对国际化绩效影响研究[J].管理科学,2010,23(2):2-10.

[265]叶乃沂,周蝶.消费者网络购物感知风险概念及测量模型研究[J].管理工程学报,2014,28(4):88-94.

[266]潘勇,孔栋.基于消费者网络感知风险的 B2C 电子商务信任分析[J].情报杂志,2008,27(4):100-102.

[267]董雅丽,李晓楠.网络环境下感知风险、信任对消费者购物意愿的影响研究[J].科技管理研究,2010,30(21):134-137.

[268]朱丽叶,潘明霞,卢泰宏.感知风险如何影响消费者使用行为?——国内消费者知觉风险结构实证研究[J].现代管理科学,2007(8):13-15.

[269]范春梅,李华强,贾建民.食品安全事件中公众感知风险的动态变化——以问题奶粉为例[J].管理工程学报,2013,27(2):17-22.

[270]魏道江,李慧民,康承业.基于解释结构模型的知识共享影响因素分析[J].情报科学,2015(7):92-97.

[271]李晶,胡瑞.移动图书馆用户使用意愿的影响因素研究——信息安全感知的视角[J].图书与情报,2014(4):99-104.

[272]杨翾,彭迪云.消费者使用第三方支付感知风险的影响因素与对策建议——基于解释结构模型(ISM)的实证分析[J].南昌大学学报(人文社会科学版),2015(4):70-76.

[273]崔媛媛.移动支付业务现状与发展分析[J].移动通信,2007,31(6):30-33.

[274]谢平,刘海二.ICT、移动支付与电子货币[J].金融研究,2013(10):1-14.

[275]陈启权.基于感知价值的移动支付使用意愿影响因素研究[D].北京:北京邮电大学,2015.

[276]傁娜.基于用户视角的网上支付感知风险研究[J].西南金融,2013(5):19-22.

[277]陈凯迪,叶夏.移动支付模式及业务前景分析[J].商场现代化,2007(10):83.

[278]孙祥,张硕阳,尤丹蓉,等.B2C 电子商务中消费者的风险来源与风险认知[J].管理学报,2005,2(1):45-48.

[279]李凯,孙旭丽,严建援.移动支付系统使用意愿影响因素分析:基于交换理论的实证研究[J].管理评论,2013,25(03):91-100.

［280］吴晓光,陈捷.第三方支付机构的市场细分浅析[J].武汉金融,2011(2):26-28.

［281］章晶.中国第三方支付的发展现状、潜在问题及政策建议[J].科技经济导刊,2017(2):174-175.

［282］李雁.第三方支付的监管和发展[J].中国金融,2013(23):84-86.

［283］马梅,朱晓明,周金黄.支付革命:互联网时代的第三方支付[J].中国科技信息,2014(Z1):178-178.

［284］王培,陈颖波,陈萍.我国第三方网上支付产业现状及成因[J].金融科技时代,2008,16(12):88-89.

［285］孙卫.第三方支付的影响因素研究[J].商场现代化,2007(32):174-175.

后　记

二十多年以来，为了人生不留遗憾和实现自己的梦想，我一直走在求学的路上，专科、本科、硕士直到博士，这一走就是十几年，当然，这一历程中也充满了酸、甜、苦、辣。一路走来，离不开众多人的关心、支持和帮助。本著作是我和我的研究生郭慧慧合著，管理与经济学院王韵老师参与写作，研究生于鑫越为著作整理了大量资料，在此感谢她们的付出和劳动；另外，还要感谢华北水利水电大学管理与经济学院的各位领导和老师，工作和生活都离不开他们的关心和鼓励。文中参考了许多同行的研究成果，在此一并致以深深的谢意！最后，就是感谢一直默默给予我关心和支持的家人，上至父母，妻子兄弟，下及孩子。他们永远是我不断前进的动力和最后的归宿。

谨以此，感谢他们。

黄志启于华北水利水电大学

2018 年 11 月 22 日